Rolf Lang

KASSELÄNER SONNTAGSAUSFLÜGE

Historische Fotografien

Wartberg Verlag

Bei der Textbearbeitung war mir Herr Ercan Akkan sehr behilflich, dafür danke ich ganz herzlich.
Auf Nachforschungen der „Kaffeemühle“ und vom „Belvedere“ konnte ich auf Texte von Herrn Bernhard Raabe und Herrn Heinz Zick zurückgreifen.
Vielen Dank.
Ebenso danke ich Herrn Wilfried Hohmann für die Mitteilungen aus Harleshausen und Kirchditmold.

Quellennachweis:
Wolfgang Hermsdorff: Ein Blick zurück
Wolfgang Koch und Rolf Schmidt: Ab von Kassel
Hans Ludewig: Damals bei uns zu Haus
August Straub : Nordhessen
Gustav Wentzell: Lieb' Heimatland

Fotonachweis: Rolf Lang, Niestetal

1. Auflage 2001

Satz und Layout: Typographische Dienste U. Weiss, Borken (Hessen)
Druck: Thiele & Schwarz, Kassel
Buchbinderische Verarbeitung: Buchbinderei Büge, Celle

34281 Gudensberg-Gleichen, Im Wiesental 1
Tel.: 0 56 03/9 30 50
www.wartberg-verlag.de
ISBN 3-8313-1245-1

Zur Einführung

Ein großes Ziel war erreicht, als 1856 der vom Architekten und Hofbaudirektor Gottlob Giacomo Engelhardt erbaute Oberstadtbahnhof, der heutige Hauptbahnhof, eingeweiht wurde. Jetzt konnte man wesentlich bequemer u. a. in die nähere Umgebung von Kassel zu einer „Landpartie" fahren. Und ebenfalls konnten die Besucher leichter nach Kassel kommen und hier die Schönheiten der Residenzstadt bewundern. Vom Oberstadtbahnhof aus war es leichter, die Karlsaue, Park Schönfeld, die Biergärten am Weinberg und Kratzenberg, die Wilhelmshöhe mit Schloss und Löwenburg sowie die zahlreichen Museen aufzusuchen. Dabei boten sich jede Menge Lokalitäten mit wunderschönen Biergärten zum Ausruhen und Erfrischen an, vielerorts auch unter dem bekannten Werbespruch: „Der alte Brauch wird nicht gebrochen, Familien können Kaffee kochen!" Bei fast allen Familien musste das Vergnügen preiswert sein. Der Verdienst des Vaters war nicht hoch, Frauenarbeit fast noch unbekannt, und die Kinderschar war groß. Und so ging es hinaus – manchmal auch mit der Eisenbahn oder der Straßenbahn. Vater hatte den neuen Binder angelegt, und Mutter führte ihr „Staatsstück" aus: den Sommerhut aus Stroh mit künstlichen Mohnblumen. Auch die Kinder kamen in den „Sonntagsstaat", begleitet stets von dem gleichen Satz: „Macht euch aber ja nicht schmutzig!", was bereits auf der ersten Wiese vergessen war.
Innerhalb der Stadt Kassel verkehrten zu jener Zeit die Tramway-Bahn Königsplatz–Wilhelmshöhe, die Pferdebahn vom Bahnhof Bettenhausen bis zur Germaniastraße und vom Altmarkt nach Wolfsanger ebenfalls eine Pferdebahnlinie. Ab 1898 wurden die Straßenbahnen elektrifiziert und von der Großen Kasseler Straßenbahn übernommen.
Mit der Inbetriebnahme des Oberstadtbahnhofs war aber die Erschließung des Umlandes noch nicht abgeschlossen. Im Laufe der nächsten Jahre kamen noch die Herkules-Bahn, die Söhre-Bahn, die Waldkappeler Bahn, die Kassel-Naumburger-Bahn und 1897 die Bahn nach Wolfhagen und Volkmarsen hinzu. Dadurch konnte man nun nach Herzenslust die Ausflugslokale und Sehenswürdigkeiten der Kasseler Umgebung leichter erreichen, ohne die eigenen Füße strapazieren zu müssen. Und die schönen Täler mit ihren schmucken Dörfern – ob Lossetal, Niestetal, Ahnatal, Baunatal und das Fuldatal – wurden an den Sonntagen von den Familien regelrecht „auf die Hörner genommen"!

◀Die Lithokarte zeigt die Gleisanlagen und Gebäude des **Kasseler Hauptbahnhofs**, als Friedrich Ritter Hoflieferant zahlreicher Fürstenhäuser war.

▼So präsentierte sich der **Hauptbahnhof** den Eisenbahnreisenden um die Jahrhundertwende.

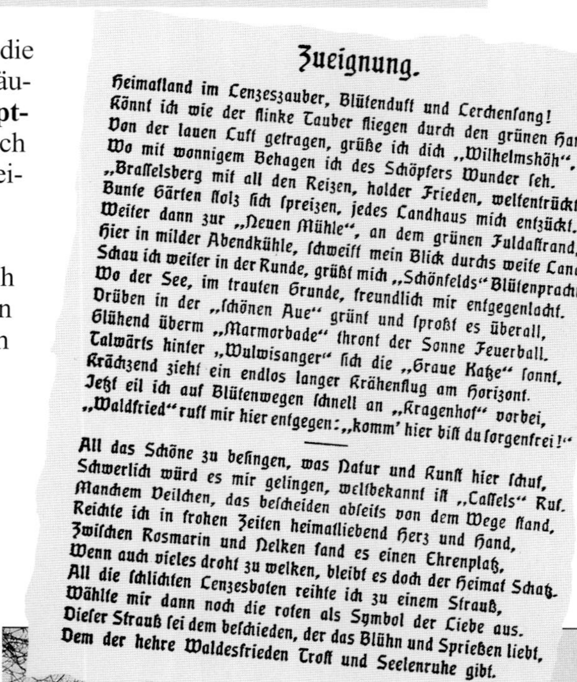

Zueignung.

Heimatland im Lenzeszauber, Blütenduft und Lerchensang!
Könnt ich wie der flinke Tauber fliegen durch den grünen Hang!
Von der lauen Luft getragen, grüße ich dich „Wilhelmshöh",
Wo mit wonnigem Behagen ich des Schöpfers Wunder seh.
„Brasselsberg mit all den Reizen, holder Frieden, weltentrückt,
Bunte Gärten stolz sich spreizen, jedes Landhaus mich entzückt.
Weiter dann zur „Neuen Mühle", an dem grünen Fuldastrand,
Hier in milder Abendkühle, schweift mein Blick durchs weite Land.
Schau ich weiter in der Runde, grüßt mich „Schönfelds" Blütenpracht,
Wo der See, im trauten Grunde, freundlich mir entgegenlacht.
Drüben in der „schönen Aue" grünt und sproßt es überall,
Glühend überm „Marmorbade" thront der Sonne Feuerball.
Talwärts hinter „Wulwisanger" sich die „Graue Katze" sonnt,
Krächzend zieht ein endlos langer Krähenflug am Horizont.
Jetzt eil ich auf Blütenwegen schnell an „Kragenhof" vorbei,
„Waldfried" ruft mir hier entgegen: „komm' hier bist du sorgenfrei!"

All das Schöne zu besingen, was Natur und Kunst hier schuf,
Schwerlich würd es mir gelingen, weltbekannt ist „Cassels" Ruf.
Manchem Veilchen, das bescheiden abseits von dem Wege stand,
Reichte ich in frohen Zeiten heimatliebend Herz und Hand,
Zwischen Rosmarin und Nelken fand es einen Ehrenplatz,
Wenn auch vieles droht zu welken, bleibt es doch der Heimat Schatz.
All die schlichten Lenzesboten reihte ich zu einem Strauß,
Wählte mir dann noch die roten als Symbol der Liebe aus.
Dieser Strauß sei dem beschieden, der das Blühn und Sprießen liebt,
Dem der hehre Waldesfrieden Trost und Seelenruhe gibt.

▲Ein Blick in den **Wartesaal** des Bahnhofs I. und II. Klasse. Damals gab es auch noch einen Wartesaal III. Klasse.

▶Von den Gleisanlagen geht der Blick zu den Fahrkarten-Kontrollen und zum **Bahnhofsgebäude** in **Wilhelmshöhe**. Im Hintergrund ist das **Hotel Schloss Weißenstein**, später Hotel Schombardt, zu sehen.

▲**Endstelle Wilhelmshöhe** der Großen Kasseler Straßenbahn mit den Wagen Nr. 2 und 67. Ausgangspunkt für Spaziergänge und Wanderungen im Park und zum Herkules.

Kasseler Ausflugslokale

Innerhalb unserer Stadt Kassel befanden sich zahlreiche wunderschöne Ausflugslokale mit den von der Bevölkerung besonders beliebten Biergärten.
In alten Berichten ist zu lesen: „Nach jahrelangem Klagen der Bevölkerung, daß das Bier in der Sommerzeit in der hiesigen Residenz nicht zu genießen war, machte der Hofküfermeister Martin Reimüller dem Kurfürsten Wilhelm II. den Vorschlag, im Weinberg einen Felsenkeller einzurichten. So könne in der warmen Jahreszeit das Bier stets kühl und frisch gehalten werden."
Bekannt wurden dadurch die Felsenkeller auf dem Weinberg, der Stadtpark, „Schaub's Garten", die Fasshalle der Hessischen Aktienbrauerei in der Wilhelmshöher Allee, „Losch's Garten" und „Schöfferhof's Keller-Restauration" auf dem Kratzenberg, die „Kaffeemühle" und „Belvedere" auf dem Möncheberg, das „Insel-Restaurant" auf dem Finkenherd und nicht zu vergessen das „Schlösschen Schönfeld".

◄Die Ansichtskarte mit Gruß vom Felsenkeller Kassel vom 23. Mai. 1893 hat folgenden Wortlaut:

**„Liebe Mutter!
Vom schönsten Wetter begünstigt gelangten wir in Cassel an. Auf der Eisenbahn haben wir es uns gemütlich machen können, da wir auf unser IV. Cl. Billet I. Classe fuhren. Sonst alles in Ordnung. Carl ...
Morgen mehr."**

◄Vom „Casseler Verlag Julius Heyn" eine schöne Lithokarte, die den Aufgang von der Frankfurter Straße zu „**Eisengarthen's Felsenkeller**" zeigt.
Dieser herrliche Ausblick – in die Karlsaue, bis an die Langenberge und die Söhre – bot sich den Kasselänern und Besuchern der Felsenkeller auf dem Weinberg.

►In einem weitläufigen, parkartigen Garten am Süd- und Westhang, hoch über der Ahna, gründete 1836 der Brauereibesitzer Conrad Ostheim ein Lokal mit Felsenkeller in der Mönchebergstraße 25. Die lufthungrigen Spaziergänger konnten hier ein in tiefen Sandsteinfelsen gekühltes Bier genießen und gleichzeitig die zahlreichen Attraktionen wie Theatergruppen, Konzerte, ja sogar Ballonaufstiege erleben. Der Kasseler Volksmund hatte sehr schnell für den quadratischen, zweistöckigen Baukörper einen Spitznamen gefunden: „**Die Kaffeemühle**". Seit 1892 wurde dann an der gleichen Stelle das neue „Landkrankenhaus" gebaut.

◄▼In der Nähe der „**Kaffeemühle**“ befand sich auf dem Möncheberg ein weiteres reizvolles „Garten-Etablissement“, das „Belvedere“. Besonderer Anziehungspunkt war ein Aussichtsturm, der einen wunderbaren Rundblick bis zum Herkules mit der Wilhelmshöhe gestattete. Um 1900 entstand ein Neubau mit einem massiven Turm. Einer der ersten Wirte war Chr. Buerdorf. Danach ging das Lokal durch zahlreiche Gastwirtshände.
Ein Bombenangriff 1943 beschädigte die Gebäude schwer. Jedoch der Turm blieb unversehrt und konnte noch viele Jahre bestiegen werden.

◄Unmittelbar an der Fulda gelegen – dicht neben der **Vogt'schen Mühle** – präsentierte sich der „Insel-Concertgarten Finkenherd“. Hier befand sich auch lange Zeit eine Anlegestelle der Lustboote nach Spiekershausen, Graue Katze, Kragenhof und Hann. Münden. Vielen Kasselänern ist der Finkenherd noch aus der Zeit bekannt, als dort die Obstverwertung „Sonbosa“ ansässig war mit ihrem bekannten Werbespruch „Fehlt Gesundheit Dir und Kraft, trink Sonbosa- Apfelsaft“.

►Nicht weit von der Frankfurter Landstraße hatte sich der General von Schönfeld ein kleines, reizvolles **Schlösschen** inmitten eines Parks gebaut. Im Laufe der Jahre konnte es durch den häufigen Besitzerwechsel auf eine interessante Geschichte zurückblicken. Die Gärtner von Kurfürst Wilhelm I. begannen mit dem bescheidenen Gastronomiebetrieb. Die Kasselaner und auswärtigen Gäste pilgerten sommertags nach **Schönfeld**, um sich bei Milch oder Kaffee des schönen Fleckchens Erde zu erfreuen. Durch den Menageriebesitzer Kreibe entstand dann auch ganz nebenbei ein kleiner zoologischer Garten.

▲Ganz in der Nähe des Schlösschens Schönfeld, der heutigen Feerenstraße, befand sich das Café und Restaurant „**Jagdschlößchen**“. In seinem Garten hatte der Wirt August Aurin extra für die Kinder zur Belustigung eine Reitbahn mit echten Pferden aufgebaut.

Schönfeld.

Ein Park der heute viel genannt,
Als Schönfeld Jung und Alt bekannt,
Hieß „Hasenbusch“ in grauer Zeit,
Recht dürftig war sein Sommerkleid,
Rings Dorngestrüpp und Hexenstrauch.
Mit Besenkraut und zähem Lauch.
Das Rabenvolk war hier zu Haus,
Und Eulen flogen ein und aus. —

Als Landgraf Friedrich, Wilhelms Sohn,
Kam auf des Hessenlandes Thron,
Gab er den Busch mit Berg und Tal
Dem hochgeschätzten General,
v. Schönfeld war's, und seit der Stund,
Hieß „Schönfeld“ dieser wüste Grund.
Am Bergeskamm in luftgen Höhn
Sah man ein Schlößchen nun erstehn,
Bald strahlte in der Sonne Glanz
Ein farbenreicher Blütenkranz. —

Nach Friedrichs Tod kam Schloß und Land
Als Lehensgut in „Thorbecks“ Hand,
Doch dieser sah nach einem Jahr,
Daß hier sein Wirken zwecklos war. —
Nun folgt als Käufer „van der Hoop“,
Ihm zollte man das beste Lob,
Weil er als Kenner der Natur,
Veredelte ringsum die Flur.

Vom Schicksal war er hergeführt,
Erst jüngst aus Holland emigriert,
Stellt er das Land von neuem aus,
Kehrt englischen Geschmack heraus.
Aus Berg und Tal, aus Busch und Wald
Entstand ein schmucker Park alsbald.
Doch mitten aus der Blütenpracht
Riß ihn der Tod jäh über Nacht. —

„Baron van Schmeed“ erschien alsdann,
Ein kluger, einsichtsvoller Mann.
Die Schaffenslust ließ ihn nicht ruhn,
Noch gab es mancherlei zu tun.
Tief aus der Erde dunklem Schacht
Hat er den Born zu Tag gebracht.
Die Nebenhäuser baut er auf,
Doch wechselt schnell der Zeiten Lauf:
Nach Holland rief ihn bald die Pflicht,
Er fügte sich und klagte nicht,
Höchst ungern zog er von hier fort
Von dem so liebgewonn'nen Ort.

▲Mitten in der Stadt, da wo sich jetzt die Centrum-Garage und der Parkplatz befinden, traf man sich zu ausgelassenen Feiern im **Stadtpark**. Besonderer Anziehungspunkt war hier auch das erste Freilichtkino Deutschlands.

▶„**Schaub's-Garten**“ war schon etwas Besonderes. Einmal wegen seines reichhaltigen Geflügels – Kraniche und Störche stolzierten zwischen vielen seltenen Hühnern, Tauben und Enten herum. Zum anderen wegen der gern gehörten Konzerte mit der Kapelle Bullerjahn. Und nicht zuletzt wegen des ausgezeichneten Dämmerschoppens.

▲ ▼Etwa auf dem gleichen Gelände, wo sich jetzt die Kropf'sche Brauerei und eine Versicherungs-Gesellschaft befinden, standen zwei reizvolle Konzert- und Biergärten. Auf den Ansichtskarten sind „**Losch's Garten**" und „**Schöfferhof's Keller-Restauration**" zu sehen. Die Ansichtskarten stammen aus der Zeit der vorhergehenden Jahrhundertwende.

Das Tannenwäldchen bei Cassel.

Ich eile zu dir in das Blättergrün,
Wo die Vöglein jubeln und singen,
Wo Sorge und Plage von dannen ziehn,
Hier muß das Dichten gelingen.
Hier rast ich so gern,
Wenn leis in der Fern
Die Glocken melodisch erklingen.

Froh schweift das Auge durchs weite Revier,
Rothenditmold grüßt aus dem Grunde,
Hell leuchtet so wonnig des Hessenlands Zier
Die Dörflein in sonniger Runde.
Jetzt braust wie das Wehr
Das Dampfroß einher
Und stürmt mit den Schwalben im Bunde.

Auf schattigem Pfade klimm ich nun empor,
Wie wird das Auge geblendet,
Ich tret' aus dem Dunkel ins Lichtmeer hervo
Wo die Gartenkunst Kostbares spendet.
Über Baum und Strauch
Weht des Schöpfers Hauch,
Der täglich viel Wunder uns sendet.

Auf lieblicher Höh ein Borkenhaus winkt,
Mit Efeu umrankt sind die Wände,
Verstohlen die rotweiße Aster blinkt
Auf starrem Kalksteingelände.
Trotz hartem Gestein
Ein kräftig Gedeihn,
Es blühet und sprießt ohne Ende.

Ein herrliches Bild steigt dort vor mir auf:
„Wilhelmshöhe" von Frührot umgeben,
Mein Blick schweift zu den Kaskaden hinauf,
Wo Tannen der Höhe zu streben.
Wie freundlich dort lacht
Des Prunkschlosses Pracht,
Wo kann es wohl Schöneres geben.

Die Karlsaue – zur Erholung ein Park mitten in der Stadt

Die heutige Karlsaue war einst ein feuchtes, von Überschwemmungen bedrohtes Auengelände. Schon frühzeitig richteten die Landgrafen ihr Interesse auf diese Gelände am Fuße ihrer Burg. Auf dem Landschaftsdreieck der Voraue – der heutigen Hessenkampfbahn – befand sich bereits ein Baumgarten. Durch den Bau des Auedamms wurde das Gelände der Karlsaue trockengelegt. Beim Ausheben des Hirsch- und Küchengrabens sowie des Auebassins entstand die Insel Siebenbergen. So gelten noch heute die Worte von F. Hölderlin. „... Ich lebe seit drei Wochen sehr glücklich in Cassel. Die Natur, die einen hier umgibt, ist groß und reizend ..."

Bereits 1871 sprach der Eigentümer – der Staat – dem Ehepaar Nennstiel das Auerestaurant zu. 1924 pachtete Otto Eckart das Lokal. Unter seiner Leitung konnten die Gäste bei Einbruch der Dunkelheit eine besondere Attraktion erleben. Auf einem Schimmel und in Uniform des Trompeters von Säckingen ritt ein Musiker in den Garten und spielte „Behüt dich Gott ..." oder „Die Post im Walde ...".

Hans Ludwig schrieb in seinem Buch „Damals bei uns zu Haus": „In diesem Zusammenhang möchte ich auch an das Auebassin erinnern, auf dem man für wenig Geld in einem Kahn – es gab Einsitzer sowie zwei- und mehrsitzige Kähne – spazieren rudern konnte. An der nach der Orangerie zu gelegenen Seite stand links ein schmuckes Borkenhäuschen, das auch 1943 zerstört wurde. Hier löste man die Karte, und dann ruderte man los. Der Einsitzer kostete 50 Pf. und war nach dem Vorbild eines grönländischen Kajaks gebaut. Obwohl ein sehr angenehmes Fahrzeug, hatte es den Namen „Seelenverkäufer". In einem zweisitzigen Kahn habe ich oftmals während der Tanzstundenzeit meine Angebetete spazieren gerudert. Wenn sie jetzt diese Zeilen lesen sollte, wird sie sich gewiss dieser Stunden harmloser, unbeschwerter Jugendfreuden erinnern."

▲Überfahrt zur **Insel Siebenbergen**. In jener Zeit war noch keine Brücke vorhanden.

▲Wie der Name schon sagt, hat das Restaurant „**Tiergarten**" am Auedamm seinen Namen zu Recht, denn bis vor dem Zweiten Weltkrieg wurden hier exotische Tiere, u. a. auch Affen, gehalten.

▼Eine besonders schöne historische Lithokarte von der Orangerie – mit zwei Kasseler Persönlichkeiten: links der bekannte Opernsänger Robert Bartram (genannt Robbi) und rechts der lyrische Tenor Karl Kietzmann. Geschaffen hat diese Karte kein Geringerer als Prof. Wilhelm Thielmann (Willingshäuser Kreis).

Wahre Liebe.

Dort unten in der Karlsau,
Da weil ich gar so gern,
Wenn bei dem milden Himmelblau
Die Glocken läuten fern.

Wenn sich der bunte Falter wiegt
In hellem Sonnenglanz,
Wenn er mit seinem Weibchen fliegt
In tollem Wirbeltanz.

Wenn in dem Gras die Grille zirpt
Die Liebesmelodie,
Wenn Stieglitz um die Liebste wirbt
Mit List und Prüderie.

Dann sag ich mir, es ist fürwahr
Bei Mensch und Tieren gleich,
Nur Liebe machet immerdar
Die Kreaturen reich.

▶Dort, wo sich heute am Auedamm manchmal zum Zissel eine Restauration befindet, stand jahrelang das **Prinzeßhäuschen** mit einem Milchausschank.

▲Das **Borkenhäuschen** am **Auebassin**. Hier konnte man Ruderboote ausleihen.

▼Die Kasseler **Orangerie** in der **Karlsaue** wurde unter Landgraf Carl von 1701–1711 erbaut. Hier überwinterten die südländischen Gehölze, die unser raues, nordhessisches Klima nicht vertrugen.

◀Voll besetzt wie hier war das „**Auerestaurant**“ regelmäßig an schönen Wochenenden und Feiertagen.

Schloss Wilhelmshöhe mit dem Herkules

Der schönste Bergpark Europas, die Wilhelmshöhe, mit seinen Bauwerken, Wasserkünsten und dem herrlichen Baumbestand ist als geniale schöpferische Leistung der hessischen Fürsten weit über die Grenzen unserer Heimat hinaus bekannt. Darum wird es ganz sicher auch kein Besucher der Stadt Kassel versäumen einmal die Wilhelmshöhe, den Herkules und die Löwenburg zu besuchen. Dies war in der Vergangenheit so und wird auch für die Zukunft so bleiben. Als Zeugnis dafür gelten die immer wieder auftauchenden alten Postkarten. Auch heute sind noch an jedem Verkaufsstand für Postkarten die Motive von Wilhelmshöhe zahlreich vorhanden.

Während einer Italienreise im Jahre 1700 wurde Landgraf Carl beim Besuch der berühmten Terrassengärten in Rom inspiriert, eine Anlage nach dem Muster italienischer Renaissancegärten im Habichtswald bauen zu lassen. Mit dem Bau des Herkules auf dem 525 Meter hohen Karlsberg wurde 1701 begonnen. Am 30. November 1717 wurde die 8,25 Meter hohe Kupferstatue des Herkules, die von dem Augsburger Anthoni im Kasseler Messinghof geschaffen wurde, auf die Pyramide des Oktogons gesetzt. Den Abschluss der 250 Meter langen und 12 Meter breiten Kaskaden bildet die 52 Meter hohe Fontäne im großen Fontänenteich.

Unter der Regierung des Landgrafen Wilhelm IX. – später Kurfürst Wilhelm I. – wurde am 2. Dezember 1795 der Grundstein für die Löwenburg gelegt. Jussow erbaute die Burg im Ruinenstil einer englischen Ritterburg.

Und unter Kurfürst Wilhelm I. wurde auch das Schloss Wilhelmshöhe von 1786 bis 1796 erbaut. Dieses Schloss hat eine überaus reiche Geschichte. In der Franzosenzeit, von 1807 bis 1813, residierte im Schloss König Jerome. Ab 1866 war das Schloss bevorzugter Sommersitz der deutschen Kaiserfamilie. 1870/71 war Napoleon III. im Schloss inhaftiert.

Die Aachener riefen ihm zu: „Ab nach Kassel", als er 1870 zur Gefangenschaft ins Schloss Wilhelmshöhe transportiert wurde. In der heutigen Zeit rufen wir diesen bekannten Ausspruch unseren Freunden zu. Generalfeldmarschall von Hindenburg leitete von Wilhelmshöhe aus im Ersten Weltkrieg den Rückzug der deutschen Truppen.

Ab 1918 wurden im Schloss Verwaltungsräume verschiedener Behörden untergebracht. Und seit 1974 befindet sich u. a. die Gemäldegalerie „Alte Meister" im Mitteltrakt des Schlosses.

Nicht allzu weit vom Herkules entfernt liegt das Gasthaus Elfbuchen mit einem Aussichtsturm. Der Turm war 1879 von einigen Verschönerungs-Vereinen erbaut worden und heißt bis auf den heutigen Tag „der Elf-Buchen-Turm". Das Gelände ringsum war damals noch Hute. Man ging aber mehr und mehr dazu über, die Berghänge aufzuforsten. Dieses Stück erhielt einschließlich Turm die Bezeichnung „Bei den elf Buchen", weil hier noch elf Hutebuchen aus landgräflicher Zeit standen.

Ganz besonders beliebt waren bei den Kaselänern bzw. Besuchern das Restaurant „Mulang" und das Hotel Ridinger Schloss, Bes. W. Ledderhose. Wenn man jedoch dorthin wollte, sagte man einfach: „Wir gehen zu Ledderhose." Hier hatte auch Joachim Ringelnatz jenen Einfall, als er schrieb: „Ich brauchte mindestens zwei Flöhe, für einen Reim auf Wilhelmshöhe".

Gesamtansicht der Wilhelmshöhe mit Schloss, Herkules, Löwenburg und Grand Hotel (Schlosshotel).

▲Eine ganz seltene Aufnahme vom Kasseler Atelier Rothe zeigt eine Ausflugsgesellschaft auf dem Weg hinter dem Herkules: Ganz sicher gut betuchte Herrschaften, die mit dem Landauer einen Ausflug zum Herkules in dieser Zeit machen konnten.

▲Künstlerkarte von dem Kasseler Maler Theodor Matthei aus der Keule des Herkules.

▼Zum 200. Jubiläum des Herkules konnte man diese Karte an Freunde und Verwandte versenden.

◀ Hier in der „**Gastwirtschaft am Herkules**“ konnten sich die Ausflügler bei einem Bier für den Familienvorstand, einem Glas Erdbeerwein für die Frau Gemahlin und einer Brause für die Kinder nach dem Spaziergang erfrischen.

▶ Anlässlich der stattfindenden Wasserspiele (mittwochs und sonntags) konnten die Ausflügler die **Riesen-Fontäne** bewundern.

„Sie.“

Ich liebe eine Schöne,
Sie wohnt von hier nicht weit,
Die ſchönſten Farbentöne
Beleben ſtets ihr Kleid.

Zieht mit dem Sonnenſcheine
Der junge Lenz ins Land,
Nimmt ſie aus ihrem Schreine
Ein grünes Feſtgewand.

Und wenn die Roſen künden
Des Sommers Pracht und Glanz
Trägt ſie von bunten Winden
Den ſchönſten Blütenkranz.

Bringt ſpäter reichen Segen
Des Herbſtes goldne Zeit,
Dann eilt ſie mir entgegen
Mit Früchten dienſtbereit.

Und wenn die Flocken fallen
Im tollen Wirbeltanz,
Erſcheinet ſie uns allen
Im winterlichen Glanz.

Sie iſt mir lieb und teuer
So oft ich zu ihr geh,
Ich lieb mit Jugendfeuer
Die ſchmucke — Wilhelmshöh“.

▲ Schon 1886 wurde die Vorläufer-Ansichtskarte von der **Löwenburg** versandt.

▲Ein Blick in den weiträumigen Garten der „**Kaskaden-Gastwirtschaft**“ von P. Block.

▲Lithokarte mit dem **Elfbuchen-Turm** um 1910.

▼So sah die Gaststätte „**Elfbuchen**“ in den 30er Jahren aus.

◀Restaurant und Café „**Mulang**“ vor der Zerstörung 1943. Besitzer W. Ledderhose.

Die große Fontäne im Park zu Wilhelmshöhe.

In saftgem Grün gebettet
Liegt still ein kleiner See,
Ganz nahe an dem Schlosse
Auf Cassels Wilhelmshöh'
Bedächtig schaut ein Riese
Vom Oktogon ins Tal,
Und seine Blicke senken
Sich in den See zumal.

Kein Hauch belebt die Fläche,
Sanft schaukelt sich der Schwan,
Da plötzlich bricht mit Tosen
Ein Wasserstrahl sich Bahn,
Der aus dem Moos der Grotte
Zum Aether drängt empor,
Als wollte er erschließen
Des blauen Himmels Tor.

Und höher immer höher
Steigt es in wilder Hast
Zur Sonne ohne Ruhe,
Zum Lichte ohne Rast.
Schier trunken wird das Auge,
Das staunend schaut die Pracht,
Wie auf die Silberperlen
Die Sonne freundlich lacht.

Und lange starrt die Menge
Dies Wunderschauspiel an,
Als hätte sie verzaubert
Neptun in seinen Bann.
Nun wird das Brausen schwächer
Zur Tiefe sinkt der Strahl,
Hinab zu Amphitrite,
In Kronos Muschelsaal.

So eilt und stürmt die Jugend,
Gar mächtig schwellt die Brust
Von Tatendrang und Streben,
Von reger Schaffenslust.
Naht dann das Greisenalter,
Der Lebensquell versiegt,
Dann wird das eitle Hasten
Zur Ruhe eingewiegt.

▲Was wäre ein Schloss ohne Hotel? Schon frühzeitig konnte sich das **Grand Hotel Wilhelmshöhe** unmittelbar neben dem Schloss etablieren.

▲Die voll besetzte Terrasse des **Schlosshotels Wilhelmshöhe**.

Mit der Herkulesbahn ins Druseltal und zum Brasselsberg

Für die Allgemeinheit eröffnete im Sommer 1896 der Schöpfer der Herkules-Bahn, Gustav Henkel, das Palmenbad. Da Henkel an gleicher Stelle ein Elektrizitätswerk betrieb, konnte er den Auspuffdampf der Maschinen für die Beheizung des Palmenbades sinnvoll nutzen. Eine einzigartige Einrichtung im Kasseler Raum. So entstand aber auch durch diese Gründung das Restaurant „Palmenbad". Und als Henkel 1903 den Personenverkehr auf der Herkulesbahn einführte, war hier die Talstation.

▶Restaurant „**Palmenbad**", Talstation der Herkulesbahn, und ganz rechts die Wartehalle. Aus der Zeit von 1906.

◀ ▼Beim Ausflug auf die Dönche waren die Gasthäuser „**Zur Dönche**" und „Dönche-Wald" mit den Schießständen ein beliebtes Ziel zum Einkehren.

◀Am Anfang der Bergstraße (heute Konrad-Adenauer-Staße), am Abzweig der Herkules-Bahn zum Brasselsberg, stand um die vorige Jahrhundertwende das „**Kurhotel Wilhelmshöhe**", den Kasselänern bekannter unter dem Namen „Luisenhaus". Heute befindet sich dort die Mathilde-Zimmer-Stiftung.

▲Auf dem Weg zum Herkules durchs Druseltal konnte man zunächst in der „**Neuen Drusel**" einkehren. Die Karte vom Verlag Robert Bäcker zeigt das Restaurant, als man noch zu Fuß oder per Landauer im Druseltal unterwegs war.

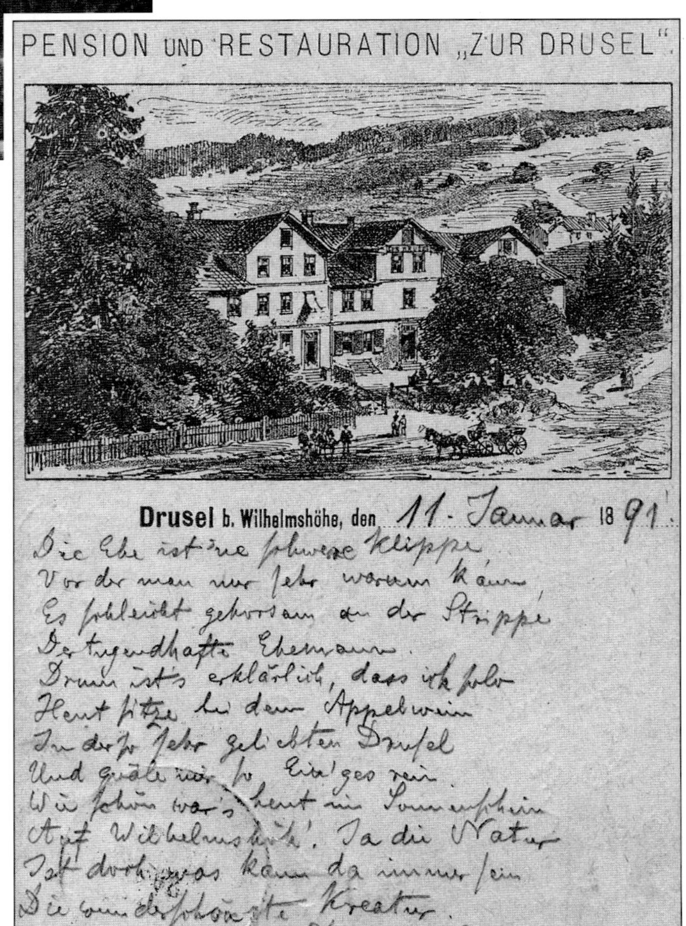

▶Ein besonderes Loblied auf die Wilhelmshöhe hat der Kartenschreiber auf der abgebildeten Lithokarte vom 11. Januar 1891 verewigt: „Die Ehe ist 'ne schwere Klippe ..."

▶Und nun kommen wir zu einem Ausflugslokal, an dem der Ausflügler bestimmt nicht vorbeikonnte, schon wegen des wunderschönen Gartens und – nicht zu vergessen – wegen der vorzüglichen Hausmannskost. Von Vorteil war natürlich, dass die Gaststätte „**Neu Holland**“, Bes. H. Hofmann, direkt vor der Tür eine Haltestelle der Herkulesbahn hatte.

▶Nachdem die Herkulesbahn von der Druseltalstraße in den Wald abbog, kam man am Café und Restaurant „**Krähhahn**“ vorbei.

▶Nicht mehr weit, und man gelangte an die **Bergstation** der Herkulesbahn, dicht unterhalb des Herkules-Monumentes.

◀Ab dem Jahre 1918 zweigte an der Gastwirtschaft „**Neu-Holland**“ zusätzlich eine Strecke der Herkulesbahn zum „Hohen Gras“ ab. Hier hatte der hessische Touristenverein eine Gaststube mit einem Aussichtsturm für die Ausflügler errichtet. Vom „Hohen Gras“ aus hatte man einen herrlichen Rundblick über die gesamte nordhessische Bergwelt. Schon Jahre bevor die Herkulesbahn auch zum Brasselsberg ihren Betrieb aufgenommen hatte, konnten die Ausflügler in mehreren Lokalen Einkehr halten. Da war das Gast- und Pensionshaus „Zum Brasselsberg“, das Gast- und Kaffeehaus „Zeche Marie“ und das jetzt noch bestehende Gasthaus und Hotel „Zum Steinernen Schweinchen“. Gegenüber des „Steinernen Schweinchens“ befand sich zu damaliger Zeit ein Steinbruch. Dort wurde ein Stein entdeckt, der verblüffende Ähnlichkeit mit einem Schweinerücken hatte. Somit war schnell ein Name für das 1894 als Postkutschenstation erbaute Haus gefunden.

◀Gast- und Pensionshaus „**Zum Bismarckturm**“, Besitzer Heinrich Vollgraf, mit der Herkulesbahn um 1929.

◀Die Postkarte zeigt das „**Gasthaus Brasselsberg**“. Wobei auf der Karte der Bismarckturm (ganz in der Nähe) mit abgebildet ist. Zu jener Zeit war Heinrich Henkes Besitzer des Gasthauses.

▲Das Gast- und Kaffeehaus „**Zeche Marie**“. Es wurde benannt nach der ehemaligen Zeche Marie, aus der Braunkohle für die Kasseler Bevölkerung gefördert wurde.

▲Als Heinrich Köther Besitzer des „**Steinernen Schweinchens**“ war, ließ er die abgebildete Postkarte von seinem Lokal auflegen.

Am Brasselsberg.

In der schönen Maienzeit,
Wenn die Blumen sprießen,
Wandre ich mit frohem Sinn
Durch die duftgen Wiesen.

Oben an dem Brasselsberg
Kehr ich ein zu Gaste,
Wo ich in dem weichen Moos
Weltvergessen raste.

Über mir ein helles Blau,
Unten grüne Matten,
Links die Häuschen bunt bemalt
In dem Föhrenschatten.

Kinderlieder, hell und klar,
Klingen aus dem Grunde,
Und die muntre Vögelschar
Jubelt in der Runde.

Drüben blickt der Söhrerand
Über grüne Felder,
Freudig grüße ich von fern
Berge, Flur und Wälder.

Stolz bin ich mein Hessenland
Auf dein Goldgeschmeide,
Herrlich prangst du jederzeit
In dem Festagskleide. —

Schon immer waren die Vororte für die Kasseläner beliebte Ausflugsziele. Dort waren noch viele große und kleine Bauernhöfe vorhanden. So gab es in den Gaststätten und Ausflugslokalen immer etwas Besonderes aus den Erzeugnissen der Landwirtschaft.
Allen voran waren schon vor 100 Jahren die „Zwehrener Bratwürste" bekannt. So schreibt die Neue Kasseler Zeitung von einer Wanderung nach Zwehren: „Wem lacht nicht das Herz im Leibe, wenn er an das altrenommierte Gasthaus Freudenstein denkt." Und weiter: „Wir sehen im Geiste den verstorbenen Cyriakus Freudenstein mit seinem Käppchen freundlich grüßend auf der Haustreppe seine Gäste empfangen und mit dem stereotypen Gruße – Sinnse au willkommen –". Das Gebäude des ehemaligen Gasthauses Freudenstein besteht noch. Es steht in der Frankfurter Straße 300. Als Horst Gude sein neues Hotel baute, ging es in den Besitz der Stadt Kassel über.
Nicht weit von „Freudenstein" entfernt lag in der damaligen Fürstenstraße 30 (heute Korbacher Straße) der „Fürstenhof" (heute „Korbacher Eck"). Ein gepflegter, schattiger Garten mit Tischen und Bänken war in den Sommertagen Anziehungspunkt für zahlreiche Gäste von nah und fern. Die damalige Bühne im „Fürstenhof" war Blickpunkt und Schmuckstück des Saales.
Und noch eine ganz besondere Lokalität lag in Niederzwehren, das bekannte Gasthaus „Zum Rosengarten". Paul Wittwer gründete am 2. Oktober 1902 seinen Gartenbaubetrieb und baute das „Gasthaus zum Rosengarten". Durch die Anzucht von Maiblumen, Tulpen, Chrysanthemen und Rosen erklärt sich auch der Name des Gasthauses von selbst. Die gärtnerische Kunst von Paul Wittwer kann man heute noch bewundern: Das im Garten der ehemaligen Gaststätte stehende Spalierobst wurde von ihm so gezogen, dass die Stämme die Form einer dreigezackten Gabel aufweisen. Im Herbst tragen die Birnenbäume immer noch jede Menge herrliche Früchte.
Vor dem Ersten Weltkrieg verkaufte Paul Wittwer das Gasthaus an Walter Ricke, der es zu einem beliebten Ausflugsziel und Veranstaltungsort machte. Die abgebildete Ansichtskarte ließ Ricke auflegen mit dem besonderen Spruch:

„Noch sind Tage der Rosen!
Ihr Fröhlichen singt, weil
das Leben noch mait,
Noch ist ja die schöne,
blühende Zeit."

Günstig war natürlich auch, dass sich eine Haltestelle der Kassel Naumburger Kleinbahn unmittelbar am Haus befand. So war man vom Bahnhof Wilhelmshöhe in kürzester Zeit direkt am Lokal. Fuhr man eine Station weiter, war man bereits in der nächsten Vorortgemeinde: Nordshausen. Hier im Gasthaus „Zum Stern" wurde die Kirmes alljährlich gefeiert, und ganz sicher hat auch mancher Kasseläner an den ausgiebigen Feiern teilgenommen.
In der Nachbargemeinde Oberzwehren hatten sich um die vorhergehende Jahrhundertwende zahlreiche Gasthäuser etabliert. So gab es u. a. die Gastwirtschaft von Ernst Wicke, das Gast- und Pensionshaus „Zur Obstbaumschule", das Gasthaus „Zur Post" (ehemals Haltestelle der Pferdepostverbindung nach Naumburg), das Gasthaus „Zur grünen Linde" von Johannes Wassmuth und am Bahnhof Oberzwehren eine Gaststätte, die unter dem Namen „Goldhahn" bestens bekannt war.

▶Das **Gasthaus Fürstenhof**, Besitzer **W. Cöster**, Ansichtskarte vom 25.03.1915

▶Eine besonders reizvolle Ansichtskarte vom „**Rosengarten**“.

▲Gastwirtschaft „**Freudenstein**“ in der Frankfurter Straße. Ansichtskarte vom 12.07.1907

▲Der „**Rosengarten**“ aus der Sicht von **Oberzwehren** kommend, mit Blick zur Heinrich-Schütz-Allee.

◀Das Gasthaus „**Zur grünen Linde**“ mit Tanzhalle in **Oberzwehren**.

▶Lithokarte vom Gasthaus „**Zur Post**“ in **Oberzwehren**.

◀Der Gasthof „**Zum Bahnhof**“ in **Oberzwehren**, um 1932.

◀Unmittelbar an der **Obstbaumschule** hatte **Heinrich Umbach** sein Gasthaus.

▶Am Ortseingang von **Nordshausen**, unmittelbar gegenüber dem Bahnhof, lag die **Gaststätte von V. Hofmeister**.

◀Das Gasthaus „**Zum Stern**“ in **Nordshausen** anlässlich der Kirmes 1936.

Ausflugslokale in Rothenditmold, Kirchditmold, Harleshausen

Die bis dahin selbständigen Dörfer Kirchditmold und Rothenditmold wurden am 1. April 1906 und das Dorf Harleshausen am 1. Juni 1936 nach Kassel eingemeindet.
Auch nach der Eingemeindung behielten diese Stadtteile noch viele Jahre ihren dörflichen Charakter, obwohl der Stadtteil Rothenditmold mehr und mehr von der Industrialisierung erfasst wurde. Weltbekannte Firmen wie Wegmann, Henschel, Jutespinnerei und Federstahl hatten sich hier niedergelassen. Dazu kam noch das Eisenbahn-Ausbesserungswerk.
Da war es ganz natürlich, dass die Menschen an den freien Sonntagen einen Ausgleich für die schwere Arbeit in der Woche suchten, zumal man ja noch die 6-Tage-Woche hatte, also auch am Samstag arbeiten musste. Und so ging es mit „Kind und Kegel“ an den Sonntagen in die nähere Umgebung nach Harleshausen, Kirchditmold oder in den Habichtswald.
Kirchditmold hatte viele Gaststätten mit heute noch beliebten Biergärten. An der Teichstraße, damals noch mit richtigem Teich vor der Haustür, war das „Restaurant Meiss“ – nicht weit davon entfernt das „Restaurant Schmincke“ (früher Lingelbach) und die „Restauration Gebhardt“. Auf dem Gelände der heutigen Grundschule war der „Kirchditmolder Hof“ mit freiem Blick zum Herkules. In den ersten Jahren des 20. Jahrhunderts baute der Restaurateur Heinrich Vollgraf am Ende der Schanzenstraße das erste Haus mit großem Garten. Ein großes Fest gab es am ersten Pfingsttag 1914, als die Linie 4 der „Großen Kasseler Straßenbahn“ die Ausflügler direkt bis vor die Haustür brachte. Von hier aus konnten sie über die Hessenschanze leicht andere Ziele im Habichtswald erwandern.
Die Eingemeindung von Harleshausen war Bürgermeister Ewald gar nicht recht, hatte er doch gerade aus der „Itschenplantsche“ an der Ziegelei unter dem Daspel ein tolles Schwimmbad gebaut, das viele Besucher aus Rothenditmold, Kirchditmold und dem Kasseler Westen anzog. Im alten Bauerndorf gab es natürlich viele Einkehrmöglichkeiten. Durch die Verlängerung der Omnibuslinie bis zur „Waldschänke“ in der Ahnatalstraße waren auch diese Lokale jetzt leichter zu erreichen.
Heinrich Bibbig hatte hier eine beliebte Gaststätte mit Kaffee- und Biergarten. Die „Kleingärtner“ durften bei ihm über die Woche ihr Werkzeug abstellen. 800 Meter die Ahnatalstraße hoch kamen die Spaziergänger zum „Kaffee Stämmler“. Tanz und andere Festivitäten waren angesagt. Und ein paar Meter weiter – zur Rasenallee hin – stand das „Jägerhaus“, wenn man von der Pappelallee zum Blauen See oder zum Erlenloch wollte. Hier stand die „Bergfreiheit“ am Wege. Ende der 20er Jahre wurde sie von den Gewerkschaften als Rast- und Tagungsstätte gebaut. An Dr. Kuhns und Rocholl’s Wiesen vorbei gelangten die Wanderer links zum Blauen See oder rechts zum Erlenloch. Heimwärts ging es dann die Lindenstraße runter – man kehrte ein bei Johannes Stern in der „Scharfen Kurve“ – die damals noch echt „scharf“ war – oder ein paar Meter weiter bei „Papen-Änne“. In der alten Kutscherkneipe gab’s erstklassige „Sulperknochen“.

◀Lithokarte vom Restaurant **„Meiss“** an der Teichstraße. Die Ansichtskarte wurde am 7. Juni 1904 geschrieben.

▶Ein reges Vereinsleben war auch in Rothenditmold üblich. Das Restaurant **„Deutsches Haus“** war das Vereinslokal des Schützenvereins „Edelweiß“. Als der Saal im Zweiten Weltkrieg zerstört worden war, bauten Vereinsmitglieder ihn wieder auf und richteten fünf Luftgewehrstände ein.

◀Das Restaurant „**Schminke**“ mit großem Restaurationsgarten, in dem ein Springbrunnen der Anziehungspunkt war.

▶Auch die Restauration „**Gebhardt**“ konnte mit einem großen Garten sowie einem Saal mit Bühne aufwarten, der sich für Vereine, die es damals vieler Art gab, anbot.

◀In der Mergellstraße 47 befand sich der „**Kirchditmolder Hof**“. Heute befindet sich auf diesem Gelände die Grundschule Mergellstraße.

▶Als Richard Kalhöfer Besitzer der „**Prinzenquelle**“ war, ließ er diese Ansichtskarte auflegen. Die Karte wurde am 10. April 1927 versandt.

◀Diese gezeichnete Ansichtskarte von der „**Prinzenquelle**“ weist auf die Sehenswürdigkeiten rund um das Lokal hin.

▶Die „**Waldschänke**“ in **Harleshausen** mit einem Wintergarten für die Gäste. Natürlich fehlt auch hier nicht der beliebte Kaffee-Garten für die Gäste.

◀Das Kaffee „**Stämmler**“ an der Rasenallee im Winter. Wie mit Puderzucker eingestäubt, so präsentiert sich das Lokal dem Betrachter.

►Restaurant, Café und Pension „**Zum Jägerhaus**“, als Emil Schwarz Besitzer war.

▼Vielen Kasselänern noch in bester Erinnerung ist die Waldgaststätte „**Bergfreiheit**“.

▲Vor dem Ausbau der Wolfhager Straße stand die Restauration von Johannes Stern an der „**Scharfen Kurve**“. 1962 wurde das Gebäude abgerissen.

◄Wenn man die Gaststätte Pape besuchen wollte, hieß es: „Wir gehen zu **Papen-Änne**“.

Das Fuldatal rund um Kassel bis Hannoversch Münden

Schon immer war ein Fluss ein gewisser Anziehungspunkt für die Ausflügler. Gab es doch mannigfaltige Möglichkeiten Leib und Seele in einen guten Einklang zu bringen.
So löste auch rund um Kassel die Fulda auf die Menschen vielfältige Reize für Ausflüge und Wanderungen aus. Wie an einer Perlenkette reihten sich am Fluss die Lokale aneinander. Dabei wurden natürlich auch die Seitentäler der Fulda, wie Baunatal, Lossetal, Niestetal und Ahnatal, nicht außer Acht gelassen.
Guntershausen war schon seit 1852 Eisenbahnknotenpunkt der Main-Weser- und Friedrich-Wilhelm-Nordbahn. Man konnte hier umsteigen in Richtung Kassel, Frankfurt und Bebra. Die nächste Station in Richtung Kassel war dann Rengershausen.
Um 1925 wurde vom Gärtnermeister Schröder und dessen englischer Ehefrau das Ausflugslokal „Felsengarten" bei Rengershausen in Betrieb genommen. Der Fleiß des Gründers und die hervorragende Gastlichkeit zahlten sich aus, das Lokal als Anziehungspunkt war ein Begriff. Und auch im „Felsengarten" galt jederzeit das Motto: „Familien können Kaffee kochen." Dickwandige Kaffeekannen und Tassen stellte der Wirt zur Verfügung. Dazu wurde der mitgebrachte Hefekuchen verzehrt.
Seit einhundert Jahren ist das direkt an der Fulda gelegene Hotel-Restaurant „Neue Mühle" ein beliebtes Ausflugslokal, das von den Kasselänern ebenso gern besucht wurde wie von „Zwehrenern" und Bewohnern der umliegenden Dörfer. Gastwirt Georg Wicke hatte kurz nach der vorigen Jahrhundertwende die Gaststätte eröffnet, und im Jahre 1936 wurde Karl Rothauge Besitzer der „Neuen Mühle". Der große Wirtschaftsgarten, der fast bis zum Fuldaufer ging, war seit jeher ein beliebter Treffpunkt für Jung und Alt. Karl Rothauge und Tochter führten die Gaststätte bis zum Jahre 1988. Ab diesem Zeitpunkt übernahmen dann Jörg Wagner und Ehefrau das Lokal.

Wilhelm Jähnert übernahm 1914 das Lokal „Tannenberg" von Konrad Wicke. Besonders erwähnenswert ist auch hier der großzügig angelegte Biergarten, gern besucht und an schönen Sonntagen immer voll besetzt. So feierte u. a. die Ortsgruppe Niederzwehren vom Handwerk und Gewerbe am 25. Februar 1928 hier im „Gasthaus Jähnert" ihr Stiftungsfest.
Durch den Bau der Bergshäuser Autobahnbrücke wurde für die Arbeiter hier ab 1.8.1960 die Poststelle II, eine reine Annahmepoststelle, eingerichtet, am 1.1.1967 aber wieder aufgegeben. Nach umfangreichen Umbauten eröffneten am 15. November 1975 die Eheleute Erika und Heinrich Hilgenberg das neu gestaltete Restaurant „Forellenhof". Dazu gehört ein großer Saal und ein schöner Biergarten, im Sommer unter schattigen Bäumen Treffpunkt vieler Ausflügler und Vereine.
Fuldaabwärts – am Auedamm – hatten sich Anfang des 20. Jahrhunderts zahlreiche Vereine zusammengefunden. So ist es bis heute geblieben. Sie haben ihre Lebensfreude in, auf und an dem Fluss noch mit Sport, mit Baden, Schwimmen, Rudern, Paddeln und im Winter mit „Glieden" und Schlittschuhlaufen entdeckt. Da begann die soziale Funktion der Fulda: Sie führte Menschen zusammen, und jedermann fühlte hier am Fluss, da schlägt Kassels Herz. Ab Guntershausen bis Hann. Münden, dem Zusammenfluss von Fulda und Werra, bot jede Ortschaft mindestens eine, ja manchmal sogar mehrere Möglichkeiten zur Einkehr. Ganz besondere Anziehungspunkte waren Guntershausen, der „Felsengarten", die „Neue Mühle", Bergshausen, der Auedamm, Wolfsanger, „Graue Katze", „Roter Kater", „Waldschlösschen", Spiekershausen, Kragenhof, Wilhelmshausen mit dem „Waldgasthaus Iserberg" und natürlich Hann. Münden.
Von Kassel in Richtung Hann. Münden waren viele Orte mit dem Dampfer zu erreichen. Bekanntester Dampfer war die allzeit beliebte „Elsa" mit dem Kapitän Ernst Ziege. Aber nicht zu vergessen auch die „Wilhelmshöhe" von Heinrich Heidenbluth, die ihren Anlegeplatz an der Drahtbrücke hatte. Zeitweise verkehrten auch noch die Schiffe „Chasalla", „Lydia" und „Eduard" auf der Fulda.
Im nahen Fuldatal bei Kassel – gegenüber dem Ort Spiekershausen – hatten sich am Fluss gleich drei Lokale etabliert. Zuerst die „Graue Katze", dann der „Roter Kater" und anschließend das „Waldschlösschen". Gegenüber in Spiekershausen befanden sich der „Fuldagarten" von Peter Häde und die Gastwirtschaft „Zur Fuldafahrt".
Wenn die Dampfer aus Kassel anlegten, war in den Lokalen auch Hochbetrieb. Schnell waren sämtliche Stühle und Tische besetzt. Die Frauen mussten sich um den Kaffee kümmern. Denn auch hier galt: „Der alte Brauch wird nicht gebrochen, Familien können Kaffee kochen."

◀Großes und kleines **Eisenbahn-Viadukt** und **Bahnhof Guntershausen**

◀Der Ort **Dittershausen** an der Fulda mit der Gastwirtschaft von **Heinrich Stein**.

▶Im Gasthaus „**Zur Krone**" von **Heinrich Bachmann** in **Dennhausen** hatte man die Möglichkeit, seine Post aufzugeben. Direkt vor der Treppe war der Briefkasten.

◀„Erbaut 1925. Euch zur Freude und zum Wohl. J.A. Schröder." Dies ist über den Rundbogenfenstern auf der Ansichtskarten vom „**Felsengarten**" in **Rengershausen** zu lesen.

◀Interessante Ansichtskarte mit einem Gedicht vom „**Felsengarten Rengershausen**“.

▶An der Neuen Mühle: Gaststätte „**Zum Waldhaus**“, Inh. **Ferdinand Eskuche**, Auguste-Viktoria-Straße 8.

◀Der Biergarten des Gasthauses „**Neue Mühle**“ mit zahlreichen Gästen. Im Kriegsjahr 1914 wurde diese Karte versandt.

◀In **Bergshausen** konnte man im Restaurant und in der Gartenwirtschaft „**Zur Söhre**“ gut einkehren.

▲Im Fuldatal – oberhalb des Städtischen Flussbades – hatte die **Wassersportvereinigung Cassel** e. V. ihr **Vereinshaus**.

Die „Neue Mühle“ bei Cassel

Wandrer kehr bei mir ein,
Raste im Sonnenschein
Am Fuldastrand.
Trübsal und Herzeleid,
Grillen und Traurigkeit
Sind hier verbannt.

Ruhe in Feld und Au,
Über dir helles Blau
Am Himmelszelt.
Klare und würzge Luft,
Waldes- und Blütenduft
Atmet das Feld.

Schaue Bergshausen dort,
Malerisch strebt der Ort
Am Rain hinan.
Köstliches Spiegelbild
Lächeld im Fluß so mild,
Freundlich dich an.

Keuchend von Waldau her
Nähert sich dumpf und schwer
Ein Güterzug.
Drüben am Wiesensaum
Gleitet durch Silberschaum
Des Schiffleins Bug.

Freudig schlürft deine Brust
Stärkende Lebensluft,
Hier weilst du gern.
Eines nur rat ich dir
Mit deiner Dichtkunst hier
Bleibe mir fern.

▲Das Gasthaus „**Tannenberg**“, Besitzer **Wilhelm Jähnert**, ebenfalls an der Neuen Mühle. Heute trägt das Lokal den Namen „**Forellenhof**“.

▲Luftaufnahme vom **Städtischen Flussbad** – mit großer Liegewiese. Gebadet wurde zu jener Zeit noch direkt in der Fulda.

◀In der **Schützenstraße** – gegenüber der Hafeneinfahrt – befand sich ebenfalls eine **Anlegestelle** für die „Wilhelmshöhe".

▶Unterhalb der **Schleuse** – gegenüber von Hankels Bleichenwiesen – war die Anlegestelle des **Dampfers „Elsa"**.

▶Ein sehr schönes Lokal zum Einkehren war „**Raabes Felsenkeller**“, etwas oberhalb von **Wolfsanger** gelegen.

Wilhelmshausen.

Am Fuß des Reinhardswaldes
Schmiegt in ein grünes Tal
Sich friedlich schmuck ein Dörfchen
Im rosgen Abendstrahl.
Die Sonne scheidend neiget
Ihr Antlitz auf die Flur
Und küßt mit brünstger Liebe
Die blühende Natur.

Vor inngem Liebesbeben
Erglüht der Fulda Saum,
Und silberglänzend sprühet
Am Schilf der weiße Schaum.
Hell jubelt laut die Lerche
Hoch überm Ährenfeld
Und freut sich, wie die Sonne
Die Welt umschlungen hält.

Vom Abhang eilt hernieder
Die frohe Kinderschar,
Ein Kranz von bunten Blumen
Umschlingt ihr blondes Haar.
Aus kleinen Weidenkörbchen
Gar lieblich schaut hervor,
Die süße Walderdbeere
Und bunter Blumenflor.

Hier wohnt seit alten Zeiten
Ein biedrer Menschenschlag,
Der auf der Väter Scholle
Still wirket Tag für Tag.
In diesen Erdenwinkel
Dringt selten Haß und Neid,
Hier wohnt der goldne Frieden
Und wahre Frömmigkeit.

Ich kann den Blick nicht wenden
Von all der stolzen Pracht,
Die hier aus Tal und Höhen
Mir froh entgegenlacht.
Doch ach, ich muß jetzt scheiden,
Die Trennung wird mir schwer,
Leb wohl, du Gottesgarten!
Auf baldge Wiederkehr!

▲Diese Ansichtskarte stammt noch aus der Zeit, als sich **Wolfsanger** „Bad“ nennen konnte.

◀Die „Wilhelmshöhe“ unmittelbar vor der „**Grauen Katze**“ beim Ablegen.

◀Wie man schon am Namen auf der Lithokarte erkennen kann: Die Gaststätte sah wie ein Schlösschen aus.

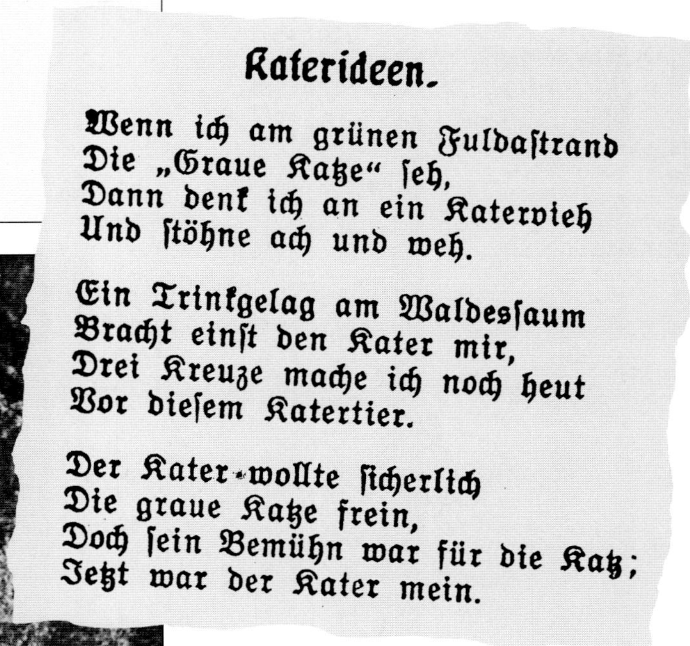

Katerideen.

Wenn ich am grünen Fuldastrand
Die „Graue Katze“ seh,
Dann denk ich an ein Katervieh
Und stöhne ach und weh.

Ein Trinkgelag am Waldessaum
Bracht einst den Kater mir,
Drei Kreuze mache ich noch heut
Vor diesem Katertier.

Der Kater wollte sicherlich
Die graue Katze frein,
Doch sein Bemühn war für die Katz;
Jetzt war der Kater mein.

◀Jede Gaststätte hatte eine eigene Anlegestelle. So wie hier der **„Rote Kater“** mit dem Dampfer „Elsa“.

◀Der voll besetzte Dampfer „Wilhelmshöhe“ bei einem Wendemanöver auf der Fulda. Der Blick geht hinüber nach **Spiekershausen**.

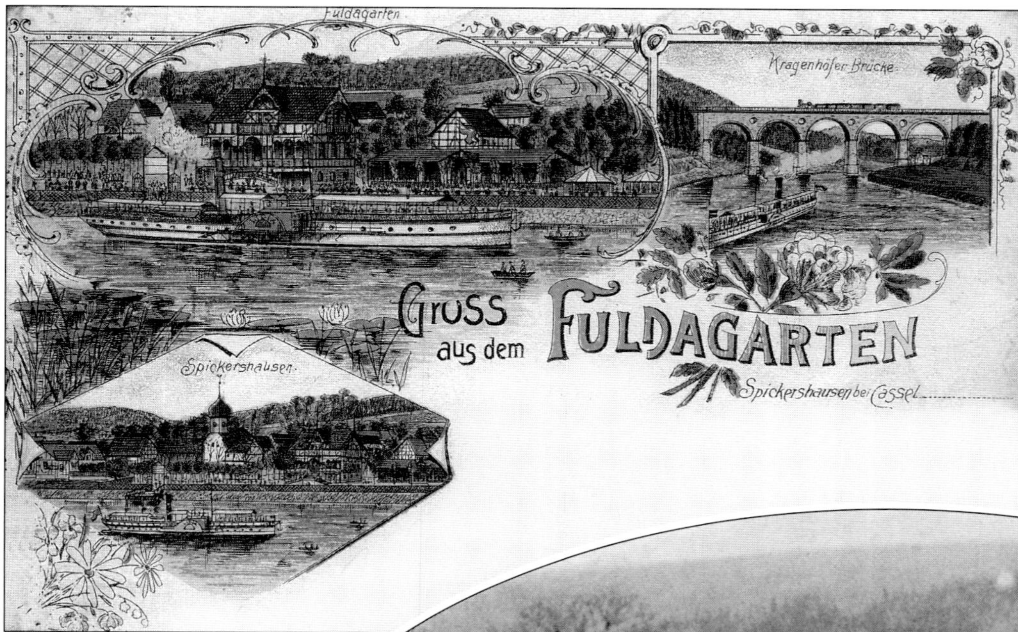

◄Lithokarte vom „**Fuldagarten**“ in **Spiekershausen**. Die Karte wurde am 3.7.1898 nach Mühlhausen versandt.

▲Grußkarte aus **Spiekershausen** von der Gastwirtschaft „**Zur Fuldafahrt**“, Besitzer **Heinrich Müller.**

►Kurz vor der Kragenhöfer Brücke – auf der Seite von **Spiekershausen** – war das Gast- und Pensionshaus von **Himmler**.

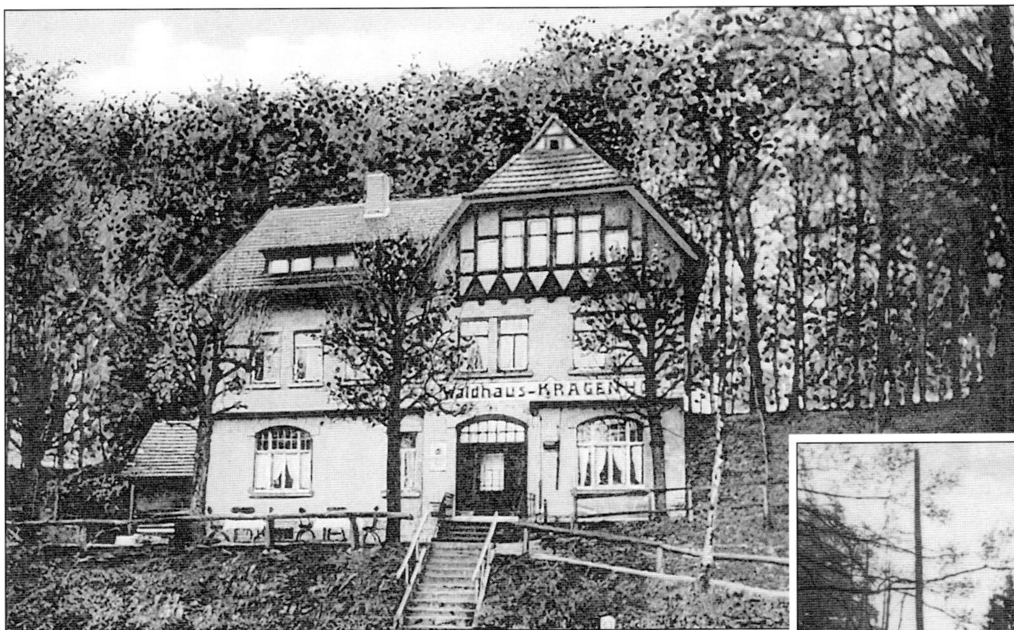

◄Etwa an der gleichen Stelle, wo heute die ICE-Strecke verläuft, stand das **„Waldhaus Kragenhof“**. Eine schöne Gaststätte, die von vielen Ausflüglern besucht wurde.

▼Die **Walderholungsstätten Kragenhof**, unmittelbar an der Bahnstrecke Kassel–Hann. Münden gelegen.

◄Der Dampfer „Elsa“ auf der Rückfahrt von Hann. Münden. Gegenüber das Ausflugslokal **„Waldfried“**.

▼Ein voll besetztes Ausflugsschiff auf der Fahrt Richtung Hann. Münden. Im Hintergrund der Ort **Speele**.

▶In **Wahnhausen** – direkt an der Fulda gelegen – die Gastwirtschaft „**Zur Erholung**".

◀Lithokarte vom 26. November 1898 von **Wilhelmshausen** mit der Gastwirtschaft „**Zum Reinhardswald**" von **A. Schoppe.**

▲Zum Andenken an das 1. Mündener Heimatfest wurde diese Lithokarte versandt. Vom Weserblick grüßt ein Wanderer mit seinem Hut.

◀Unmittelbar an der Bahnstrecke Kassel–Hann. Münden lag das „**Waldgasthaus Iserberg**", gegenüber von **Wilhelmshausen**.

Durchs Ahnatal zum Dörnberg und nach Wilhelmsthal

Durch den Bau der Eisenbahnstrecke Kassel–Volkmarsen waren die Ausläufer des Habichtswaldes, des Dörnberges, des Schreckenberges, des Bärenberges, der Gudenberge und die Orte Burghasungen und Escheberg für den Ausflügler recht gut zu erreichen. Zusätzlich gab es noch einige Buslinien, u. a. zum Schloss Wilhelmsthal. Die Bahnstrecke wurde eigens zum Zweck der besseren Erreichbarkeit des Schlosses gebaut. Eine alte Brückenallee, die unmittelbare Zufahrt zum Schloss, bindet Wilhelmsthal anmutig in die Landschaft ein. Wilhelmsthal gilt nicht nur als das schönste Rokokoschloss Hessens, sondern, so schrieb Dehio, „es ist mit seinem Park eine der reizvollsten und liebenswürdigsten Rokokoanlagen überhaupt".

An der oben erwähnten Bahnstrecke liegen unmittelbar die Orte Harleshausen, Heckershausen, Weimar mit dem Bühl, Fürstenwald und Zierenberg. Nicht weit entfernt von dieser Strecke liegen die Orte Vellmar, Dörnberg, Ehlen und Burghasungen.

Vor 100 Jahren wurde direkt im Ahnatal ein Haus als Postkutschenstation gebaut. Hier konnten die Pferde gewechselt werden und die Fahrgäste sich in der Zwischenzeit etwas erfrischen. Kurze Zeit später wurde dann daraus das Gasthaus „Zum Ahnetal". Und heute wirbt ein Schild für dieses Lokal mit der Aufschrift: „Ei, ei, ei, warum vorbei?" Auf einen Besuch freut sich die Familie Hartmann.

Am 13. März 1972 vereinigten sich die bis dahin selbständigen Gemeinden Heckershausen und Weimar zur Gemeinde Ahnatal. In Heckershausen kehrte man gern in das Gasthaus „Zum Stahlberg" ein, war doch auch Kaiser Wilhelm II. nach einer Fahrt von Wilhelmshöhe nach Wilhelmsthal hier eingekehrt. Bei diesem Besuch stellte man fest, dass der Wirt Johannes Rudolff, genannt „Wirtsschank", und der Kaiser am gleichen Tag (am 27. Januar) Geburtstag hatten. Mehrere Jahre erhielt er einen Geburtstagsgruß vom Kaiser. In den Jahren nach dem Ersten Weltkrieg war die Gastwirtschaft Vereinslokal für zahlreiche Vereine.

Weit sichtbar erhob sich der Bühl aus der Landschaft, bevor mit dem Basaltabbau begonnen wurde. Im Laufe der Jahre wurde immer mehr Gestein für Straßen und Brücken abgebaut und so entstand ein See. Der Bühl wurde ein Anziehungspunkt für viele Wanderer und Ausflügler, konnte man sich doch in dem Naturbadesee zur Sommerzeit herrlich erfrischen. Einkehr hielt man anschließend in den Gasthäusern im Ort, besonders gern auch in der Restauration „Zum Dörnberg".

Die Orte Dörnberg und Zierenberg – direkt am Dörnberg gelegen – waren schon sehr frühzeitig beliebte Ausflugsziele. Zumal schon Anfang 1920 die Pioniere des Segelfluges auf dem Dörnberg ihren Sport ausübten. Für den durstigen Wanderer lag direkt am Alpenpfad das „Kaffee Alpenpfad". In den Orten selbst waren zahlreiche Gaststätten, die sich um das Wohl der Ausflügler bemühten. In Zierenberg waren dies der „Hessische Hof", der „Kasseler Hof", der Gasthof Pötter und am Bahnhof der Gasthof Heyde. Dörnberg hatte ebenfalls einen „Hessischen Hof" und die Gastwirtschaft „Zum Reichsadler". Und hier im „Hessischen Hof", traf sich auch die Malerrunde mit Carl Bantzer des Öfteren. Von dem Kasseler Fotografen Georg Leonhardt sind eine ganze Reihe von Postkarten von Dörnberg aufgelegt worden. Ganz besonders gut gelungen sind die Aufnahmen vom „Hessischen Hof" und von der „Laubachgasse". Vom Dörnberg aus reicht der Blick hinüber zum Burghasunger Berg. Auf einem flachen Basaltkegel stand ein Benediktinerkloster. Aus den Ruinen ragte noch viele Jahre der achteckige Turm hervor. Jedoch am 1. Juli 1876 wurde dieser durch einen Blitzeinschlag gespalten und stürzte 1896 ganz ein.

Wandert man von Zierenberg weiter ins Warmetal, so kommt einem ganz zwangsläufig ein wunderschönes Frühlingslied in den Sinn: „Der Mai ist gekommen ..." In der Vorfreude auf Schloss Escheberg schrieb Emanuel Geibel dieses Lied. Für viele bekannte Dichter, Musiker, Künstler und Gelehrte ist Schloss Escheberg ein Treffpunkt gewesen, besonders in der ersten Hälfte des 19. Jahrhunderts. Der damalige Besitzer, Kammerherr Karl Otto v. d. Malsburg, war wegen seiner Gastfreundschaft weit bekannt.

▲Lithokarte mit Gruß vom **Schloss Wilhelmsthal**.

▶Gasthaus und Café „**Lindenheim**" in **Wilhelmsthal** (oben) und das **Schloss** (unten).

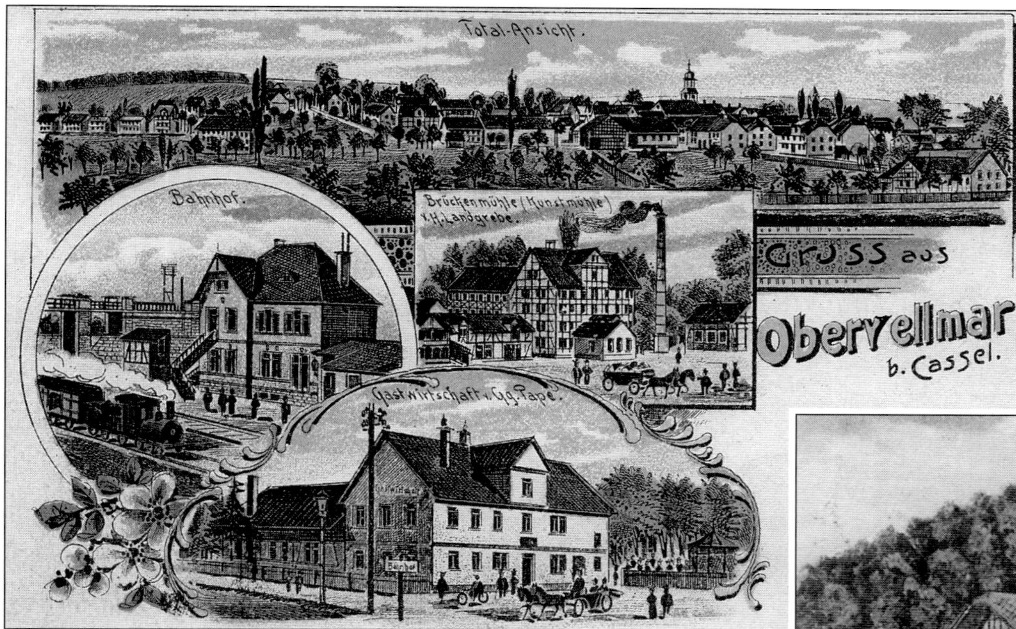

◀Lithokarte von **Obervellmar**, u.a. mit dem Bahnhof und der **Gastwirtschaft Georg Pape**.

▲Wo jetzt die Straße am Gasthaus „**Zum Ahnetal**“ direkt am Haus vorbeiführt, war damals ein großer Biergarten für die Ausflügler.

▲Das Gasthaus „**Zum Ahnetal**“ in der Zeit, als **Jean Iske** Besitzer war.

▶Die Restauration „**Neu Holland**“ in **Niedervellmar** um 1910.

◀Grußkarte aus **Weimar** mit der „**Restauration zum Dörnberg**“.

▲Blick auf das „**Gasthaus Stahlberg**“, Inh. **J. H. Rudolph**, und den Stahlberg.

▲Aus 1900 stammt die Lithokarte von **Zierenberg** mit der Kirche und dem „**Kasseler Hof**“.

▶Lithokarte vom „**Hessischen Hof**“ in **Dörnberg** aus dem Jahre 1898. Das Gasthaus war der Treffpunkt der Malerrunde.

◀Auf der Karte ist links im Bild die Gastwirtschaft „**Zum Reichsadler**“ in **Dörnberg** zu erkennen.

▲Das Postauto hält direkt vor dem „**Hessischen Hof**“. Im Hintergrund der **Dörnberg**.

▲Spielende Kinder in der Kannel der **Laubachgasse** in **Dörnberg**.

▶Blick auf **Ehlen** mit der **Gastwirtschaft von Carl Schmelz**.

▲Vom Gastwirt **Georg Gerhold** wurde diese sehr schöne Lithokarte mit Blick auf **Burghasungen** und **Hasunger Berg** aufgelegt. Bereits über 130 Jahre ist die Gaststätte im Familienbesitz.

▲Die Gaststätte „**Igelsburg**“, gern besuchtes Ausflugslokal auf dem Weg vom Hohen Gras zum Dörnberg.

▶Segelflieger auf dem **Dörnberg**. Hier bei einem Rekordflug über 16 Stunden.

▶An der Restauration beim **Schloss Escheberg** hielten die Ausflügler unter der Geibel-Linde ihre Rast.

◀Ganz romantisch: Das „**Kaffee Alpenpfad**“, das unmittelbar am Alpenpfad lag.

Über Ihringshausen ins Schocketal

Als die Ihringshäuser Allee in Kassel links und rechts noch dicht mit Eichen bepflanzt war, da war ein Ausflug in Richtung Ihringshausen noch ein Vergnügen. Bereits auf der Höhe befand sich das „Berghaus“ von Georg König, und in Ihringshausen am Bahnhof konnte man in das „Gasthaus Eberhardt“ einkehren. Mitten im Ort hatte der Ausflügler die Möglichkeit zur Rast im „Deutschen Kaiser“. Pächter war Georg Grunewald. Er hatte den Beinamen „Krawaller“ und war im Dorf ein Original gewesen. Durch einen Bombenangriff am 3. Oktober 1943 wurde das Anwesen zerstört. Nach Kriegsende wurde an gleicher Stelle das Hotel „Zur Linde“ erbaut.

Der weitere Weg führte dann direkt ins Schocketal. In Serpentinen gelangte man ins Gasthaus „Zum Landgrafen“. Erbaut wurde das Haus vom Sanitätsrat Dr. Schaumlöffel. Dessen Tochter Trude ist die bekannte Fotografin von zahlreichen Kasseler Ansichtskarten. Schaumlöffel hatte das Gasthaus als Ergänzung zu seinem Sanatorium erbaut, um den Patienten eine gewisse Abwechslung zu bieten. 1914 verpachtete Schaumlöffel einen großen Teil seines Besitzes an Eleonore Lemp. Diese gründete auf dem Gelände die Reinhardswaldschule.

1927 entstand dann eine weitere Gaststätte im Schocketal. Peter Schmidt und seine Frau errichteten das Gast- und Pensionhaus „Zum Schocketal“.

Von Ihringshausen führt ein direkter Weg in Richtung „Graue Katze“. Auf diesem Weg legte zwischen den beiden Weltkriegen – in der großen Wirtschaftsflaute – ein Arbeitsloser unter hohen Buchen die „Märchenmühle“ an. Sie war in ihrer Einfachheit gedacht als Ruheplatz in Gottes freier Natur und entwickelte sich ganz von selbst zu einem wunderbaren Ausflugsort. Das Entzücken der Besucher – besonders der Kinder – weckten die Liliputanlagen von Mühlen, Burgen und Häusern am Guten-Morgen-Bach. Leider ist durch den Ausbau der ICE-Strecke nichts mehr von der Märchenmühle vorhanden. Im Andenken an die Märchenmühle sei hier der Text auf der Rückseite einer Ansichtskarte abgedruckt:

Weltvergessen, still und lieblich
Wie ein seel'ger Kindertraum
Liegt die Märchen-Mühle friedlich
In des Waldes grünem Raum.
Wie ein liebes, längstverklung'nes
Märchen aus der Kinderzeit
Seh' ich dich, du gut gelung'nes,
Öffnest mir das Herz so weit.
Da wo diese Märchen wohnen,
Flutet traumhaft Dämmerlicht
Unter mächt'gen Buchenkronen,
Schön'res birgt die Erde nicht.

▲Restauration und Gastwirtschaft „**Berghaus**“ auf der Höhe der Ihringshäuser Allee von **Georg König**. Ansichtskarte vom 16. Juli 1907.

▼Innenansicht der Gaststätte „**Zum Schocketal**“, Besitzer **Peter Schmidt**. Die Karte wurde am 19. Mai 1931 versandt.

◀Der Gasthof von **W. Eberhardt** – unmittelbar am **Bahnhof Ihringshausen** mit großem Wirtschaftsgarten.

◀Mitten in **Ihringshausen** lag das Gasthaus „**Zum Deutschen Kaiser**“. Später stand an der gleichen Stelle das Hotel „Zur Linde“.

◀Gruß aus dem „**Schockethal**“ vom Restaurant und Pensionshaus „**Zum großen Kurfürsten**“.

▶Die **Märchenmühle** am Guten-Morgen-Bach bei **Ihringshausen** mit zahlreichen Mühlen, Burgen und Häusern in Miniaturausführung.

Die Söhre – vor Kassels grünen Toren

Mit großen Anstrengungen und gegen viele Widersacher setzte sich Pfarrer Hermann Dippel dafür ein, dass endlich mit dem Bau einer Kleinbahn in die Söhre begonnen wurde. Am 22. August 1912 hatte er endlich den sichtbaren Erfolg. An diesem Tage war die Betriebseröffnung der „Kleinbahn Kassel-Bettenhausen-Wellerode (Söhrebahn)“. Zwei Tage vorher war die Söhrebahn landespolizeilich abgenommen worden. An den Stationen der Bahn – Eisenhammer, Ochshausen, Vollmarshausen, Wellerode-Ort und Wellerode-Wald – wurde der Zug von einer dicht gedrängten Menschenmenge begrüßt. Der Jugend wurde ein besonderes Geschenk gemacht: Die Schulkinder waren Ehrengäste der ersten Fahrt. In all diesen Jahren wurden zahlreiche Landpartien in die Söhre mit der Bahn unternommen, denn man konnte nun von der Endstelle in Wellerode-Wald noch weiter in die Söhre wandern: nach Wattenbach, zum Stellbergsee, nach Eiterhagen, nach Oberempfershausen und nach Dörnhagen. Den besten Beweis dafür, dass Pfarrer Hermann Dippel Recht hatte, lieferten zum 40-jährigen Jubiläum in Wattenbach die „Hessischen Nachrichten“ am 25. August 1952:

„So wie das Bähnchen, das vor wenigen Jahrzehnten noch als fortschrittliche Neuerung begrüßt worden war, heute im Zeitalter der modernen Verkehrsriesen bereits wie ein Gruß aus alten Zeiten wirkt, so trug auch die Feier ihres 40-jährigen Jubiläums am Samstag im Gasthaus Dippel in Wattenbach den Charakter einer gemütvollen intimen Familienfeier. Mit den Festteilnehmern werden aber auch viele hundert Wanderfreunde in Kassel der Söhrebahn gedacht haben, die sie jahrzehntelang als winziges Verkehrsmittel in die Schönheit der Wälder in der östlichen Umgebung der Stadt geführt hat.“

Leider war die Geschichte der Söhrebahn am 1. Oktober 1966 zu Ende. Omnibusse auf der Straße übernahmen ab diesem Tag den Transport der Fahrgäste.

▲In **Ochshausen** hatte die **Gastwirtschaft von B. Thomas** in der Gartenwirtschaft sogar eine Kegelbahn. Die Karte wurde am 19. Juni 1905 verschickt.

▼Das Lied von der Söhrewanderung beschreibt die Söhre sehr treffend:

1. Vor Kassels grünen Toren
Inmitten Wald und Höhn,
Bin Ich als Kind geboren.
Und werde nie fortgehn.
Du schöner Söhrewald,
Mein Lieblingsaufenthalt,
Im ganzen Reich
Kommt Dir nichts gleich.

2. Der Fulda graue Wellen,
Der Losse schnelle Flut,
Und all die schönen Stellen,
Die kenne ich sehr gut.
Du schöner ...

3. Lohfelden – Vollmarshausen
und Wellerode dann,
Wo frisch die Winde brausen,
Da fängt mein Wandern an.
Du schöner ...

4. Durch Wattenbach im Tale
Und Eiterhagen hin,
Kam ich schon viele Male
Mit frohem Wandersinn.
Du schöner ...

5. Am hellen Waldessaume
Dörnhagen freundlich grüßt.
Mir ist's, als hätt' im Traume
Der Himmel es geküßt.
Du schöner ...

6. Noch viele könnt' ich nennen,
Die ich durchwandert hab'.
Wer sie will alle kennen,
Der greif zum Wanderstab.
Du schöner ...

7. Und sollt' mich einer fragen
„Wohin bau' ich mein Haus?“,
So werde ich ihm sagen:
„Wähl Dir die Söhre aus!“
Du schöner ...

◀Mit einem 15 000 Quadratmeter großen Garten konnte in **Crumbach** das Lokal **„Zur schönen Aussicht“** von **C. Bühl** aufwarten.

◄In **Vollmarshausen**, in der Gastwirtschaft **Jacob Dippel**, wurden die Ausflügler gern gesehen und ausgezeichnet versorgt.

▲So zeigte sich die Gemeinde **Wattenbach** dem Betrachter um 1950.

▼Das **Forsthaus Wellerode** in der heutigen Fahrenbachstraße 1. Am 16. Juni 1926 wurde die Karte in Wellerode abgestempelt.

◄Die Endstelle der Kleinbahn, **Wellerode-Wald**, mit zahlreichen Ruhebänken am Bahnhofsgebäude.

◀Lithokarte aus **Eiterhagen** mit dem **Gasthaus von Carl Nähler**. Ein großer Garten und eine Kegelbahn wurden immer wieder als Ausflugsziel gern angenommen.

▲Aus dem ehemaligen Steigerhaus wurde das „**Waldgasthaus Stellberg**" in der **Söhre.**

◀Grußkarte aus der **Gastwirtschaft von Wilhelm Ranft** in **Dörnhagen** vom 11. Mai 1903.

▶Diese stimmungsvolle Ansichtskarte wurde von Georg Leonhardt im Jahre 1902 aufgelegt. So zeigt sich der Endpunkt der **Söhre** im Ort **Oberempfershausen**.

Auf ins Lossetal

Genauso wie Johann Lewalter – der bekannte Kasseler Musiker und Komponist – regelmäßig seine Ausflüge ins Lossetal nach Helsa machte, taten es ihm die Kasseläner nach.
Auf diesem Wege ins Lossetal hatte schon Bettenhausen schöne Lokale zum Einkehren. Da war direkt an der Losse die „Insel Helgoland“ gelegen. Das Lokal stand tatsächlich zu jener Zeit auf einer Insel. Auf der einen Seite von der Losse umspült und auf der anderen Seite vom Mühlgraben. Außerhalb von Bettenhausen – direkt unter dem Lindenberg – befand sich das Restaurant „Zur Lindenberger Höhe“. Und gegenüber dieses Lokales war der Eichwald mit dem Eichwald-Restaurant. Hier am Eichwald war aus landgräflicher Zeit bis zum Jahre 1904 die Fasanerie. 1905 pachtete die Stadt Kassel den Eichwald, und in diesem Zusammenhang wurde das Restaurant im ehemaligen Forsthaus ebenfalls weiterverpachtet.
Losseaufwärts verließ man die Stadtgrenze und gelangte in die Gemeinden Niederkaufungen, Oberkaufungen, Helsa und Eschenstruth. Jeder konnte nach Herzenslust Station machen, wo es ihm am besten gefiel, denn seit dem 1. Dezember 1879 war die Strecke der Kassel-Waldkappeler Eisenbahn fertig gestellt. Helsa – als Luftkurort – war jedoch der herausragende Ort für die Ausflügler und Erholungssuchenden. Es liegt im Schnitt der großen Wälder, die das Lossetal voneinander scheidet. Die Nebentälchen, das Hergesbach-, das Lautenbach und das Ibachtal, sind ob ihrer Anmut berühmt.
Und wandert man weiter in Richtung Hirschberg, dann kommt man in das alte Wald-Glasmacherdorf Wickenrode.

◀Im schattigen Garten auf der **„Insel Helgoland“** in **Bettenhausen** ließ man sich gern und auch öfters nieder.

◀Das Restaurant **„Zur Lindenberger Höhe“** lag unmittelbar an der Landstraße (Leipziger Straße) nach Kaufungen.

▲Diese Ansichtskarte stammt aus der Zeit, als das „**Eichwald-Restaurant**“ auch noch als Forsthaus genutzt wurde.

Das Eichwäldchen bei Bettenhausen.

Ihr stolzen, knorrigen Eichen
Ihr rauschet so traut und so lind,
Um euere Kronen streichen
Die Elfen wie kosender Wind.

Ihr plaudert von alten Zeiten,
Von des Weidwerks fürstlichen Glanz
Ihr sahet bei Festlichkeiten
Der Damen buntfarbigen Kranz.

Ihr lauschtet der Vöglein Lieder,
Dem Raunen und Weben der Nacht,
Ihr sahet schützend hernieder
Auf der edlen Fasanenpracht.

In eurem Gezweige spielten
Die Eichkätzlein hurtig und sacht,
Zaunkönig und Häher hielten
In eurer Krone die Wacht.

Nun rauschen die alten Eichen
Schon längst einer anderen Zeit,
Es mußte dem Neuen weichen
Die lauschige Waldeinsamkeit.

▲Zahlreiche Gäste und Einheimische haben sich vor dem **Gasthaus Ludwig Werner** in **Niederkaufungen** für den Fotografen eingefunden.

◀Fertig zur Ausfahrt hat sich diese Gesellschaft an der Gastwirtschaft von **Wilhelm Landefeld** in **Oberkaufungen** aufgestellt.

▼Zur Erinnerung an Johann Lewalter errichtete man einen Gedenkstein und die **Lewalter-Hütte** in **Helsa**.

▲Ganz links auf der Ansichtskarte ist das Gasthaus „**Zum Deutschen Kaiser**" in der Leipziger Straße in **Oberkaufungen** zu erkennen.

◄Lithokarte von Helsa mit dem Gasthaus „**Zum weißen Ross**“ vom 28. Juli 1901.

▲So zeigte sich der Gasthof „**König von Preußen**“ mit dem Biergarten in **Helsa** den Ausflüglern.

▲Wunderschöne Lithokarte mit Grüßen aus **Eschenstruth** vom 14. August 1900.

►Nach gelungener Wanderung von Helsa aus konnte man sich hier in **Wickenrode** im Gasthaus „**Zur Krone**“ herzhaft erfrischen.

De Bardie no Niesde!

Als Georg Faldung die Geschichte mit dem obigen Titel in Kasseler Mundart schrieb, hatten bestimmt schon zahlreiche Kasseläner im Laufe der Jahre „ne Bardie no Niesde“ unternommen. Wer sich die Mühe macht, die ganze Geschichte zu lesen, wird ganz sicher an der einen oder anderen Stelle ins Schmunzeln geraten und fühlt sich gleichzeitig in die Zeit um 1900 zurückversetzt.
Wer das gesamte Niestetal durchwandern wollte, begann in Sandershausen. Hier gab es ein umfangreiches gastronomisches Angebot. Denn es gab die Gastwirtschaft von Carl und Franz-Josef Fromm – noch heute im Familienbesitz –, ein Stück weiter das Restaurant „Zur schönen Aussicht“. Später nannte sich das Lokal „Zur Insel“, denn das Lokal stand tatsächlich auf einer Insel. Der erste Besitzer war Martin Hertel. Von ihm kaufte dann Carl Hemmelmann das Lokal. In dieser Zeit wurde auch während des Ersten Weltkrieges auf dem Saal ein Hilfslazarett eingerichtet. Viele Jahre führte dann der Sohn, Otto Hemmelmann, das Lokal, ehe es 1968 an Otto Korn weiterverpachtet wurde. Zu jener Zeit kamen regelmäßig die Rentner von der Firma Henschel in das Lokal. Obligatorisch hatte jeder sein Döschen eigenen Kaffee dabei und Otto Korn musste den Kaffee aufbrühen. Dabei wurde tunlichst darauf geachtet, dass jeder seinen eigenen Kaffee auch bekam. Gut 100 Meter weiter war das Gasthaus „Vaterland“ mit einem schönen Biergarten. Das Gasthaus hatte im Laufe der Jahre mehrere Besitzer. Bekannt sind Christian Wöhner, Heinrich Hellwig, Karl Backhausen, Heinrich Ellermann und Rudi Estein. Hinter der scharfen Kurve, in der Hannoverschen Straße, befand sich noch das Restaurant „Zum goldenen Stern“ und am Anfang der Ysenburgstraße das „Deutsche Haus“.
Gern machten die Ausflügler noch einen Abstecher zum Zollforsthaus auf dem Sandershäuser Berg. Seit 1932 war hier ein Gasthaus eingerichtet. Denn in dem Garten ließ es sich wunderbar ausruhen und erholen.
Der Weg durchs Niestetal führte die Ausflügler weiter nach Heiligenrode. Hier im Ort traf man auf die Gaststätten „König von Preußen“, „Zum deutschen Kaiser“, „Ottens Gastwirtschaft“ und im Tal der Nieste auf die Gastwirtschaft „Zum Niestetal“.
Auf dem weiteren Ausflug entlang der Nieste verließ man Hessen und gelangte nach Niedersachsen. In den Orten Uschlag und Dahlheim wurde man in den Gaststätten ebenfalls bestens versorgt. Danach betrat man wieder hessischen Boden, denn die Gemeinde Nieste gehört wieder zu Hessen. Und hier in Nieste endete auch „de Bardie no Niesde“ der beiden Kasseläner „Luddsch und Schang“.

◀Lithokarte um 1910 vom „**Insel-Restaurant**“, als **Carl Hemmelmann** das Lokal übernommen hatte.

▶**Gastwirtschaft** von **Carl Fromm** in **Sandershausen**.

◀Ein großer Biergarten zog die Ausflügler immer wieder in das Restaurant „**Zum goldenen Stern**“ in **Sandershausen**, das als Zwischenstation auf dem Weg zum Sandershäuser Berg gern angenommen wurde.

▶Die Gastwirtschaft „**Zum Deutschen Vaterland**“ in **Sandershausen**, Hannoversche Straße. Als Feldpostkarte wurde die Karte am 1.10.1914 versandt.

▶Das Gasthaus Hohmann in **Heiligenrode**, bekannt unter dem Namen „**Ottens Gastwirtschaft**“, in der Dorfstraße.

▲**Adam Stahl** war der Besitzer des Gasthauses **„Zum König von Preußen“**. Abgesandt wurde die Karte am 26. August 1901 und noch am selben Tag in Kassel zugestellt.

◀An der Straße ins **Niestetal** lag die Gastwirtschaft von **Hermann Wilhelm Klemme** mit der Hausnummer 60. Im gleichen Hause befand sich auch die ehemalige Mühle.

▶Noch heute zieht es viele Gäste in die Gastwirtschaft **„Zum grünen Thal“** in **Dahlheim**. Vorzüglich schmecken die Schlachteplatte oder die gebratenen Rippchen.

◀Gern hielten die Ausflügler Einkehr in der Gastwirtschaft **„Zur Krone"** von Heinrich Bischoff in **Uschlag.**

▶Im Gasthof **„Zum Löwen"** in **Nieste** beim Gastwirt Justus Ketzer wurde man bestens bedient. Vielleicht sind auch hier der „Lutsch" und der „Schank" eingekehrt?

▶Oberhalb von Nieste, innerhalb einer alten Burganlage, befand sich das Gasthaus **„Zum Sensenstein"**. Heute befindet sich hier die Jugendburg Sensenstein des Landkreises Kassel.

De Bardie no Niesde

Ne Landbardie mit Kend un Kegel
Hodd ähre Mucken in der Regel.
’s bassierd d‘rbie so diß und jenes,
- doch ässes meisdendeils nix Scheenes -
Was de Gemiedlichkeid died steeren
Un einfach sich nidd died geheeren.
Was so en Balg nidd alles well,
Daß gehd je uff kinn Kiewefell!
Was hot‘s zum Beispäl dann for‘n Zweck,
Daß d‘s Wiesa alszu filld in‘n Dreck?
Un daß der Heini, disser Fißd,
So gerne no den Duwen schmißd
Un allemo ’ne Schiewe gliwwerd
Un nix wie dulle Streiche liwwerd?
Un erschd der Unleid - disser Sebbel!
Sinn Steckenferd sinn Pähreäppel,
Die päcked ha zu gerne ahn;
Me kann den Huddich noch so schlahn,
Ha lißd de Pooden nidd dervonne,
D‘s Groohkeln, das äs sinne Wonne,
Un greßer noch äß sinne Freide,
An sinner Modder ähren Kleide
De Hänne sich dann abzeriwweln,
Daß die for Boßheid well verzwiwweln.
Heerd uff mä mid ’ner Landbardie,
Wo kleine Wännste sinn derbie!
Schun mit ’ner Frau hodd me Malleste.
Ochch, diß Geannke, diß Gequeste!
Mo schimbd se, daß zu rasch me gänge,
Mo äß ähr d‘s Korsett zu enge;
Mo died sä wo der Stiwwel knibben,
Dann henked sä da ahn den Schlibben;
Mo krichchd sä Dorschd, mo hodd sä Hunger,
Mo wird sä‘n ganzen Dag nidd munner,
Nä, nä, ich spreche nur das eine:
Am schennsten gehd der Mann alleine.
Bie disser Knädebiedelei
Do saßen eines Owends zwei
Im „guldnen Fäßchen“ stunnen langk:
Es war der Luddsch un sinn Freind Schank.
Do endlich honn se‘s Bungdewie:
„Na, Luddsch, äß bliewed dann derbie,
Mä gehn bis Sunndag - ganz egal -
Alleine mo no‘n Niestedahl,
Dann dunn mä kinnen Ärger honn;
Mä zweie, mä verdrahn uns schon!
Ich piffe Dä so imme sechse;
Schleefd dinne Ahle noch, dann weck‘se
Un losse Dä erschd Kaffe kochen,
Un daß De host Bulljong in‘n Knochen,
Schnied Da en däft‘gen Brodknust runner,
Sunst hoste schon vor Nieste Hunger;
Do in dem Neste (’s äß kinn armes),
Do krichche me dann schon was Warmes.
Und kumm‘ mä nidd im Sonndagsstaate,
Mä wunn je nidd uff de Barade,
Ne ahle Joppe ahnziehn diesde,
Die äß dä gud genug for Niesde.
Mä dreffen uns am ahlen Flecke
Biem Kaufmann Dell do ahn der Ecke.
Wie d‘r Schank am Sunndag piffen well,
Do wahrded schon der Luddsch biem Dell.
Der Schank died große Augen machen,
Uff eimo muß ha forchtbar lachen.
Wie hodd sich der dann uffgeplusterd
Un närrsch zerechde sich gemusterd!
Der sidd je uß, wahrhaft‘gen Godd,
Wie‘n Ridde, der de Räude hodd.
En Reckchen hodd ha ahn mit Frannchen,
Das kann au singen: „Ich honn manchen
Gewald‘gen Storni schun miterläwed;
Das klisderd je nurd so un kläved,
Geheerd hodd‘s mo, mer siehd‘s genau,
Vor langen Johren sinner Frau. -
De Hose ’n Sticke unnern Knie,
Äß abgeschnidden, awer wie!
De Zusseln henken nurd so drahne, -
Un was ha hodd for Schocken ahne!
Wie d‘s Dirmchen uff der Briederkerche
So lang -, zwei richd‘ge Kennersärge.
Der Schank sprochch: Wahrden mä nidd länger!
Sunst krichchd Dich noch der Hunnefänger.
Sä emmbern los. Dorch Beddenhusen
Sidd me se wie d‘s Gewidder susen.
Doch glichch do hinner Heiljenrode,
Do war der Luddsch schun halb marode.
In Uschlagd ziehd ha - ’s äß en Muß -
De beiden Kennersärge uß.
Bie Nieste stehd ’ne ganze Bloose
Von Burenjungen uff der Strooße,
Die sehn den Luddsch vun weiden kommen,
Do honnse glichch Rißuß genommen.
Un jeder machd in einen Nu
De Dähren un de Fenster zu.
Doch bliewed - ’s merkeds glichch der Schank.
Des Werdshuß uffe - Gottseidank!
Un wie se iwwer‘n Hußheern gehn,
Do blebb der Schank uff eimo stehn
Un schnuffelde un sprochch: gemicke!
Luddsch, sadd mo sehn, hier homme Glicke.
Du riechest nix? Dann schnibb dich mo!
Nur Schwinnebroden dufded so.
Ochch, meind der Luddsch, Dä äß nidd wohl,
Was hier so stinked, das äß Kohl. -
Un - gickste - beide honn‘s geroden:
’s gab suren Kohl un Schwinnebroden.
Schun heerd me au den Schank bestellen
D‘s Essen un zwei Kieweschellen,
’s gehd kinne Värdelstunne druff,
Do drängd de Werdsfrau au schun uff:
Zuerschd Kaduffeln - frisch gesoden
-„Luddsch, Luddsch, verbrenn Da nidd de Poden“ -
Un dann den Kohl - so golde-gähle
Un au hibbsch sure un recht vähle.
Dann kam d‘s Schennste dran, zwei große Un
dicke Schliddern Fleisch mit Soose.
Do sterzen se jetz sicher druff
Alls wie de Welfe, baßd mo uff! -
Verdohlei, nä! - - mä scheinds, mä draimed,
Se sitzen do, wie ahngelaimed.
Der Schank, der gickd den Annem ahn
Un denked: na, mach Dich doch drahn!
Doch dem sinn Läddschen scheind ze sahn:
Nu grade nidd, fang Du doch ahn! Ha
stubbst de Brodenschissel riwwer,
Der schiewed se glichch widder niwwer.
Der Schank ganz stiff un heeflich sprechen:
„Ochch, bidde, Freind, bedien Dich doch.“
Der awer, kratzig, wie ne Birschde:
„Nä, nemm Da ruhig nurd der irschde.“
So gehd‘s bienoh ‘ne Värdelstunne.
Was honn dann die Gewidderhunne?
Der Grund, der scheind mä nidd vun Babbe!
Zwei Sticker Fleisch in einen Nabbe,
Daß died kinn gud, daß gibd Krawall,
De Sticker sinn doch nidd egal!
Me sidd‘s je doch, das eine Sticke
Aß bienoh nochemo so dicke,
Un‘s annere sidd - es aß kinn Stuß -
En bißchen ußgesuggeld uß. -
Der Luddsch, der machd den Schbähl en Enne,
Der Schank stubbst emme grade henne
Schun widder mo d‘s Brodennäbbchen;
Do - päckd ha zu - un‘s schennste Häbbchen
Schmackd ha uff sinnen Deller druff.
Der Schank äß bladd! Dann muckd ha uff:
„Du host bie‘m sel‘gen Labassee
Au nurd gelernd de „Scheen anglee.“
Bildunge un Fissiddenschnieden
Das kannste, scheind mä nidd gud heden.
Me merked‘s, daß de ’n Klowes bäst.
- Das newenbie nurd. Na, prost Rest!“
„Do sall mä doch, Du Alwerjahn,
En Kreizgewidder glichch ninn schlahn!“
So died der Luddsch dodruff nu wieden,
„Was sall Dinn Knärweln dann bedieden?“
„Du Dusseldier, for so ‘ne Rede
Bäst Du nadierlich vähl ze bleede,
Mit dä, do muß me deidsch nurd sprechen,
Ich well dä schun den Star mo stechen:
Du host kin‘n Ahnstand nidd im Balge,
Best helzern, wie ‘ne Drebbendrallje,
Weißt nidd was sich geheeren died,
Sunst häddeste als erschder nidd
D‘s beste Sticke abserwierd.“
„Jo,“ schbrochch der Luddsch ganz unschenierd,
„Wenn Du den Ahnstand host in Pachd,
Wie häddest Du‘s dann wo gemachd?“
„Ich,“ gahkd der Schank, „ich deed mich schämen,
Des kleinste Sticke deed ich nehmen.“
„Des kleinste?! Un do schimbsde noch?
Du Blosenkobb, Du host‘s je doch!!“

Mit dem Naumburger Express ins Baunatal

Durch den Bau der Kleinbahn Kassel–Naumburg stand das Baunatal nun in direkter Verbindung mit der ehemaligen Residenzstadt. Über die Eröffnung der Teilstrecke Wilhelmshöhe–Elgershausen am 28. Oktober 1903 schreibt die „Hessische Dorfzeitung“ am darauf folgenden Tage: „Das jahrzehntelange Hoffen und Harren der Bewohner des Baunatales auf eine Bahnverbindung mit Cassel ist nun in Erfüllung gegangen. Der zähen Ausdauer eines Kreises wackerer Männer, der Opferwilligkeit der interessierten Gemeinden und schließlich dem Wohlwollen der Königlichen Staatsregierung ist es zu verdanken, dass nunmehr das schöne Baunatal dem Verkehr erschlossen ist. Die Betriebseröffnung der neuen Bahn vollzog sich gestern in feierlicher Weise ...“

Die seinerzeit sieben selbständigen Gemeinden Altenbauna, Altenritte, Großenritte, Guntershausen, Hertingshausen, Kirchbauna und Rengershausen haben sich aufgrund wirtschaftlicher Ereignisse zur Stadt Baunatal zusammengeschlossen.

Zum heutigen Stadtteil Rengershausen gehört auch die Knallhütte. Hier auf der Knallhütte ist Dorothea Viehmann, geb. Pierson, (genannt „die Viehmännin“) am 8. November 1755 geboren. Schon frühzeitig konnte sie die gehörten Märchen getreu wiedergeben. Durch den Kontakt mit den Brüdern Grimm wurde die „Viehmännin“ eine Weltberühmtheit. Im Vorwort des zweiten Bandes der „Kinder- und Hausmärchen“ schreibt Wilhelm Grimm: „Diese Frau, noch rüstig und nicht viel über 50 Jahre alt, heißt Viehmännin, hat ein festes und angenehmes Gesicht, blick hell und scharf aus den Augen und ist wahrscheinlich in ihrer Jugend schön gewesen. Sie bewahrt diese alten Sagen fest im Gedächtnis, welche Gabe, wie sie sagt, nicht jedem verliehen sei und mancher gar nichts behalten könne; dabei erzählt sie bedächtig, sicher und ungemein lebendig ...“

Lebendig hält die Brauerei Keim auf der Knallhütte auch weiterhin das Andenken an die „Viehmännin“. Und in der Gaststätte bekommt man das Knallhütter Bier, das an Ort und Stelle gebraut wird. Unterhalb des Baunsbergs (da, wo die Straße den Brasselsberg vom Baunsberg trennt) lag schon vor 1895 der Gasthof und die Pension „Zum Baunsberg“. Wunderbar am Wald gelegen, bot sie den Wanderern und Ausflüglern eine ideale Gastlichkeit. Dies kann man den abgebildeten Ansichtskarten entnehmen.

Auch die Gemeinden im oberen Baunatal haben einen Zusammenschluss herbeigeführt. So tragen die Orte Elgershausen, Hoof, Breitenbach und Elmshagen den Namen Schauenburg. Seinen Namen hat die Großgemeinde von der über Hoof liegenden Schauenburg-Ruine.

Ein Abstecher von Elgershausen in das schöne Firnsbachtal lohnt sich allemal. Einmal wegen des gastronomischen Angebots und zum anderen kommt man an einer Klamm vorüber. Aus den jetzt verlassenen Steinbrüchen wurden vor über 250 Jahren die Steine für den Bau des Herkules geholt.

◀In **Guntershausen**, oberhalb des kleinen EisenbahnViaduktes, lag das Pensionshaus und die Restauration „**Zum Baunatal**“.

▶**Hertingshausen** mit Blick in Richtung Hirzstein bei Elgershausen.

▲Vom 19. November 1911 stammt diese reizende Lithokarte von der **Knallhütte**.

▲Direkt an der Frankfurter Landstraße lag das Gasthaus „**Bauner Brücke**“ von **Heinrich Siebert**.

▲Die **Bahnhofswirtschaft** von **Altenbauna** hatte im Außenbereich ebenfalls einen schönen schattigen Biergarten.

▲Gruß vom **Baunsberg**. Eine schöne Feder-Lithokarte, die bereits 1895 versandt wurde.

◀Ein Gruß aus der **Gastwirtschaft von H. Wicke** in **Altenritte**. Noch heute in aller Munde, denn hier gibt's noch die richtigen Sulperknochen.

▲Die **Gastwirtschaft von Hermann Hempel in Großenritte** in der Bahnhofstraße 6.

◀Mit einer entsprechenden Werbung für seinen Gasthof hatte **A. Keim** diese Karte auflegen lassen.

◄Machte man einen Abstecher ins **Firnsbachtal**, so konnte man beim Gastwirt **Heinrich Hautel** diese Ansichtskarte erwerben.

◄**Bahnhof Elgershausen** der Kassel-Naumburger Kleinbahn.

▼Unterhalb vom Hirzstein in **Elgershausen** konnte man wunderbar in der **Gaststätte Hofmann** einkehren.

▲Kurz vor **Hoof**: Im Tal befand sich die „**Klapperbach**" – Besitzer **Martin Humburg**.

◀Lithokarte von **Hoof**, u. a. mit dem Bahnhof der Kassel-Naumburger Kleinbahn.

▶Weiter oben im **Firnsbachtal** traf man auf das sehr bekannte „**Herbsthäuschen**".

▲Kinder aus dem Dorf **Breitenbach** bei einem Ausflug.

▲Noch heute wird man hier im Gasthaus „**Zum goldenen Stern**“ in **Breitenbach** bestens bewirtet.

▶Dicht an der Straße von Breitenbach nach Sand stand der Gasthof „**Falkenstein**". Der Gasthof hatte seinen Namen von der Burg Falkenstein.

◀In **Elmshagen** kehrte man gern im Gasthaus „**Zum Langenberg**" von Georg Spohr ein.

▶Eine ganz seltene Lithokarte von **Martinhagen** mit dem „**Martinstein**" – im Bild unten links..

Weitere Bücher aus dem Wartberg Verlag

Frank-Roland Klaube
Kassel
Ein verlorenes Stadtbild
Historische Fotografien
132 S., geb., zahlr. S/w-Fotos
(ISBN 3-925277-18-8)

Johannes Hahn, Gerd Fenner
Kassel
Ein Bildband in Farbe
deutsch, englisch, französisch
72 S., geb., Farbfotos
(ISBN 3-86134-900-0)

Karlhans Frank
Ein Tischbein und zwei Beuys
Kasseler-Kinder-Kunst-Krimi
100 S., geb., zahlr. farbige
Zeichnungen von Wilfried Blecher
(ISBN 3-86134-311-8)

Wolfgang Rudolff
Kasseler Straßennamen
nach berühmten Persönlichkeiten
und verdienten Bürgern
132 S., broschiert, zahlr. Abbildungen
(ISBN 3-86134-525-0)

Thomas Siemon
Das war das 20. Jahundert in Kassel
108 S., geb., zahlr. S/w-Abbildungen
(ISBN 3-86134-525-0)

Frank-Roland Klaube,
Manfred Czerwinski
Kassel
Luftbilder von gestern und heute
Eine Gegenüberstellung
60 S., geb., zahlr. S/w- und Farbfotos
(ISBN 3-86134-536-6)

Hans Eichel
Kassel
deutsch, englisch
112 S., geb., mit Schutzumschlag,
Großformat, Farbfotos
(ISBN 3-925277-64-1)

Stadtführer Kassel
128 S., broschiert, farbig, illustriert
(ISBN 3-86134-345-2)

Sabine Köttelwesch
Alt-Kassel
Auf den ersten Blick
48 S., geb., zahlr. S/w-Fotos
(ISBN 3-86134-947-7)

Frank-Roland Klaube
Kassel – Gestern und heute
Eine Gegenüberstellung
60 S., geb., zahlr. S/w- und Farbfotos
(ISBN 3-86134-457-2)

Johannes Hahn, Gerd Fenner
Kassel
Auf den ersten Blick
deutsch, englisch, französisch
32 S., geb., zahlr. Farbfotos
(ISBN 3-86134-901-9)

Jochen Herzog, Claudia Hohmann,
Lothar Koch
Kassel – Stadtbilder
64 S., geb., Großformat, Farbfotos
(ISBN 3-86134-289-8)

Beate Eder
Kassel
Kindheit in den 50er Jahren
72 S., geb., zahlr. S/w-Fotos
(ISBN 3-86134-481-5)

Sabine Köttelwesch
Rundgang durch das alte Kassel
64 S., geb., zahlr. S/w-Fotos
(ISBN 3-86134-902-7)

Wartberg Verlag GmbH & Co. KG
Im Wiesental 1 · 34281 Gudensberg-Gleichen · Tel.: (0 56 03) 9 30 50 · Fax (0 56 03) 30 83
www.wartberg-verlag.de